AUMA
Ausstellungs- und Messe-Ausschuss
der Deutschen Wirtschaft e.V. (Hrsg.)

Klaus Beckmann
André Kaldenhoff
Hans E. Kuhlmann
Ursula Lau-Thurner

Das professionelle 1x1

Seminar-, Tagungs- und Kongress-management

Cornelsen

Obwohl alle Angaben gründlich recherchiert worden sind, kann keine Gewähr übernommen werden. Dies gilt insbesondere für die Aktualität und Qualität der angegebenen Internet-Adressen.

Die Deutsche Bibliothek – CIP-Einheitsaufnahme

Ein Titeldatensatz für diese Publikation ist bei Der Deutschen Bibliothek erhältlich.

Verlagsredaktion: Ralf Boden
Layout und technische Umsetzung: Theo Spangenberg, Neunkirchen
Umschlaggestaltung: Bauer + Möhring grafikdesign, Berlin

Cornelsen online http://www.cornelsen-berufskompetenz.de

1. Auflage Druck 4 3 2 1 Jahr 06 05 04 03

Druck: Lengericher Handelsdruckerei

ISBN 3-464-49086-6

Bestellnummer 490866

Gedruckt auf säurefreiem Papier,
umweltschonend hergestellt aus chlorfrei gebleichten Faserstoffen.

Geleitwort

Der AUMA Ausstellungs- und Messe-Ausschuss der Deutschen Wirtschaft hat in der jüngsten Vergangenheit wesentliche Verbände der Tagungs- und Kongresswirtschaft als Mitglieder aufgenommen, den EVVC – Europäischer Verband der Veranstaltungscentren e.V. sowie die deutschen Mitglieder der ICCA – International Congress and Convention Association. Anlass dazu war das Bestreben, möglichst konzentriert solche Aktivitäten gemeinsam anzugehen, die die Messe- und Kongresswirtschaft als zusammenwachsende Branche betreffen. Dazu gehören neben der gemeinsamen gesellschaftlichen und politischen Interessenvertretung u. a. auch die übergeordneten Themen einschlägiger Wissenschaft und Forschung, grundlegende Publikationen sowie Fragen der Aus- und Weiterbildung in der Veranstaltungswirtschaft.

Unter diesen Aspekten hat der AUMA das Erscheinen des vorliegenden Buches zum Thema »Seminar-, Tagungs- und Kongressmanagement« gefördert und die Herausgeberschaft übernommen.

Ich danke dem Cornelsen-Verlag, dass nun nach den kürzlich erschienenen Schriften zu den Themen »Erfolgreiche Messeauftritte« und »Eventmarketing« auch das Thema Tagung- und Kongressmanagement in der gleichen Publikationsreihe praxisbezogen und innovativ behandelt wird.

Die Autoren garantieren durch ihre langjährige praktische Tätigkeit in verschiedenen Tätigkeitsbereichen der Tagungs- und Kongresswirtschaft, dass sowohl die ganzheitliche synergetische Sichtweise auf das Thema zum Tragen kommt als auch die verschiedenen Aspekte aus der jeweiligen speziellen Tätigkeit berücksichtigt werden.

Der AUMA unterstützt mit der Herausgabe dieses Buches die Bemühungen, Lehr- und Lernmaterialien für die verschiedenen abschlussbezogenen Aus- und Weiterbildungsangebote zu entwickeln. Den Berufsschullehrern kann dieses Buch bei der Ausbildung von Veranstaltungskaufleuten in den Berufsschulen als Lehr- und Lernmaterial dienen.

Auch wird dieses Buch vom AUMA als Teil der Lehrmaterialien in das von der Europäischen Union im Rahmen des Leonardo da Vinci Programms geförderten und vom AUMA in Deutschland durchgeführten Projekts International Event Organizer eingebracht.

im Frühjahr 2003

Dr. Hermann Kresse

Geschäftsführendes Vorstandsmitglied
AUMA Ausstellungs- und Messe-Ausschuss
der Deutschen Wirtschaft e.V.

Vorwort

Seminare, Tagungen und Kongresse bilden in der wissensbasierten Gesellschaft einen wesentlichen Umschlagplatz für die sie kennzeichnende wichtigste wirtschaftliche Ressource: »Wissen«. Auf Seminaren, Tagungen und Kongressen werden innovative Informationen präsentiert, wird individuelles Wissen und persönliche Erfahrung mit den präsentierten Informationen in Verbindung gebracht und damit Neues und Handlungsanleitendes gelernt, werden unterschiedliche Sichtweisen zwischen den Teilnehmern ausgetauscht und zu neuen synergetischen Erkenntnissen zusammengeführt.

Kurz: Es wird gelernt, neues Wissen erzeugt und verteilt.

So stellen diese Veranstaltungen organisierte Gelegenheiten zum individuellen Lernen dar und sind damit ein wesentlicher Teil der »Weiterbildung«. Gleichzeitig sind sie Ort der Erzeugung und Verteilung der zentralen gesellschaftlichen Ressource »Wissen« und damit auch Ort des gesellschaftlichen »Wissensmanagements«.

In diesem Buch werden die zentralen Aspekte der Organisation von Veranstaltungen auch in den größeren gesellschaftlichen und wissenschaftlichen Zusammenhang von Weiterbildung und Wissensmanagement gestellt. Damit rücken Begriffe der Weiterbildung wie »Didaktik«, »Lernziele«, »handlungsorientierte Lernarrangements« etc. sowie Begriffe des professionellen Wissensmanagements wie »Aufbereitung von Informationen«, »Wissenserzeugung« und »Wissensverteilung« u. Ä. an zentrale Stelle bei der Vorbereitung und Durchführung von Tagungen und Kongressen.

Neben dem professionellen organisatorischen Projektmanagement gewinnen Veranstaltungsdidaktik und zielgerichtetes Management von Wissen für die Steigerung von Veranstaltungsqualität erheblich an Bedeutung.

Dieses Buch diene tätigen professionellen Veranstaltungsmanagern als Anregung, solchen, die sich in das Aufgabengebiet autodidaktisch hineinarbeiten als systematische Anleitung und solchen, die sich durch Kurse oder Studium gezielt auf ihren Beruf vorbereiten als grundlegendes Lernmaterial.

Ich danke Diderick Krabbe, dem Gründer der Internationalen Congress Akademie (ICA), Karlsruhe für die gewährten praktischen Erfahrungen bei Veranstaltungen, bei der gemeinsamen Entwicklung des ersten Berufsbildes der Branche sowie bei der Entwicklung und Umsetzung der Akademie-Curricula. Ohne diese und die vielen nächtlichen Diskussionen zum Thema wäre dieses Buch nicht möglich gewesen.

im Frühjahr 2003 *Klaus Beckmann*

Inhaltsverzeichnis

TEIL D
Service

Die Autoren

KLAUS BECKMANN, Diplom-Soziologe, geb. 1941 in Altlandsberg/Brandenburg. Nach dem Studium der Soziologie in Frankfurt/M. war er wiss. Mitarbeiter am Institut für Bildung und Erziehung, München; Abteilungsleiter für Ausbildung beim Deutschen Sportbund; Profit-Center Leiter für Computer-Based-Training bei Control Data; Leiter der BTX Akademie, dem späteren Institut für Telematik, dessen Inhaber er wurde; Senior Consultant bei der Plönzke AG. Parallel dazu nahm er Lehraufträge zu Themen der Weiterbildung an den Hochschulen in Gießen, Worms, Darmstadt und an der FU in Berlin wahr.

Seit 1990 ist er Inhaber und Direktor des Instituts für Lernende Organisation (ILO).

Als pädagogischer Leiter der Internationalen Congress Akademie, Karlsruhe wo er u.a. als Projektleiter das Berufsbild »Fachwirt (IHK) für die Tagungs-, Kongress- und Messewirtschaft« entwickelte und als pädagogischer Leiter des m:con Congress College, Mannheim hat er einschlägige Lehrerfahrung in der Tagungs-, Kongress- und Messewirtschaft gesammelt. Er ist Mitautor des Buches »Erfolgreiche Messeauftritte«.

Zur Zeit werden an seinem Institut Web-Based-Training-Lektionen zum Thema »Projektmanagement bei Tagungen und Kongressen« entwickelt.

ANDRÉ KALDENHOFF, geb. 11.03.1968 in Bernburg. Von 1988 bis 1993 Sprachenstudium an der Universität Leipzig; 1993 bis 1994 Ergänzungsstudium »Tourismus mit den Schwerpunkten Tourismusmanagement, regionale Fremdenverkehrsplanung und wissenschaftliche Reiseleitung« an der FU Berlin; 1994 bis 1995 Mitarbeiter bei GLS-Sprachreisen, Berlin; 1995 bis 2000 Geschäftsführer Tourismusverband Sächsische Schweiz e.V., ab 2000 Leipziger Messe GmbH, Abteilungsleiter Kongresse.

HANS E. KUHLMANN, Jg. 1949; Ausbildung zum grafischen Zeichner und Reisebürokaufmann; 1976 bis 1985 Referatsleiter Veranstaltungsmanagement beim SPD Parteivorstand, Bonn; Conference Organizer der Sozialistischen Internationale, London; 1985 bis 1996 Schwarz Pharma AG, Monheim (u.a. Leiter des internationalen Veranstaltungsmanagement als General Manager bzw. Vice President China); 1996 Award Spirit Of International Promotion der Stadt Boston, USA.

Seit 1997 geschäftsführender Gesellschafter der Kuhlmann International GmbH Event Conference Marketing Management in Köln; MPI Chapter President Germany 2000–02.

URSULA LAU-THURNER, Maritz GmbH, Manager PCO Congresses. Abitur, Ausbildung zur Reiseverkehrskauffrau und Spezialausbildung im Bereich Betriebswirtschaft, Tourismus und Kongresswesen. Von 1971 bis 1973 war sie bei der Deutschen Reisebüro GmbH, Direktion Frankfurt, als Kongress-Organisator und Gruppenleiter tätig. Von 1974 bis

1983 übernahm sie die Leitung des Congress Büros des DER in Hamburg und war als PCO intensiv bei Großprojekten involviert. 1984 gründete Frau Lau-Thurner ihr eigenes Unternehmen, die Firma Kongressorganisation PCO mit dem Schwerpunkt Projektmanagement und Consulting. Ab Januar 1999 leitete sie den Bereich Fairs & Conventions in der Hapag-Lloyd Geschäftsreise GmbH in Hamburg. Nach Fusionen innerhalb des Konzerns wurde eine neue Firmenstruktur aufgebaut, zunächst FCI GmbH & Co. KG und seit 2002 Maritz GmbH, in der sie als Manager PCO Congresses dieses Geschäftsfeld verantwortet.

Ursula Lau-Thurner ist seit 1984 maßgeblich an der Entwicklung des Berufsbildes »IHK-Fachwirt der Tagungs-, Kongress- und Messewirtschaft« beteiligt, u.a. als Mit-Autorin des Kompendiums, Mitglied im Expertengremium des Modellversuches des Bundesministeriums, Dozentin und Mitglied des Prüfungsausschusses der IHK Karlsruhe. Ebenso war sie in die Entwicklung des Ausbildungsberufs »Veranstaltungskaufmann/Veranstaltungskauffrau« eingebunden und ist zur Zeit bei Maritz GmbH für diese Ausbildung zuständig.

Einleitung Kongresse, Tagungen und Seminare in einer wissensbasierten Gesellschaft

Kein Zweifel: Am Beginn des 21. Jahrhunderts befinden wir uns im Übergang von der Industriegesellschaft zur wissensbasierten Dienstleistungsgesellschaft oder – wie häufig auch beschrieben – zur Wissensgesellschaft.

So wie in der Industriegesellschaft Maschinen die zentralen Produktionsmittel für die Güterproduktion waren, ist heutzutage Wissen die zentrale Produktivkraft in der Wissensgesellschaft. Damit erhält die systematische Beschäftigung mit der »Ressource Wissen« in Wirtschaft und Politik eine eminente Bedeutung.

Wissen wird zur zentralen Produktivkraft

Wissen wird in diesem Prozess nicht mehr nur als individuelles Problem der Wissensaneignung oder als didaktisches Problem im Rahmen von Bildung und Ausbildung betrachtet, sondern als zentraler Bereich der wirtschaftlichen, sozialen und politischen Prozesse. Wissen zu beschaffen, vorzuhalten, zu vermehren und zu aktualisieren rückt als Schlüsselaufgabe des politischen und unternehmerischen Handelns an zentrale Stelle unserer Gesellschaft. In vielen Organisationen und Unternehmen ist »Wissensmanagement« daher bereits ein eigenständiger und personalisierter Bereich.

»Wissensmanagement« wird vielfach ein eigener Bereich in Organisationen und Unternehmen

Stellung der Tagungs- und Kongresswirtschaft

Um die Stellung und die gesellschaftlichen und wirtschaftlichen Bedingungen und Anforderungen an die Tagungs-, Kongress- und Seminarwirtschaft zu bestimmen und damit auch den Rahmen für ein sich entwickelndes Selbstverständnis dieses Wirtschaftszweiges zu umreißen, ist ein Blick auf die grundsätzlichen Entwicklungstendenzen der Gesellschaft hilfreich.

Dabei geht es nicht um eine umfassende gesellschaftliche Analyse, sondern vielmehr darum, schlaglichtartig solche bestimmenden Tendenzen herauszuarbeiten, die wesentlichen Einfluss auf Ziele, Bedeutung, Selbstverständnis, Organisation und tägliches Handeln der Beteiligten dieses Wirtschaftszweiges haben. Gleichzeitig wird so auch der Rahmen für die Gestaltungsmöglichkeiten und Handlungsnotwendigkeiten von Tagungs- und Kongressveranstaltern sowie Veranstaltungsmanagern abgesteckt.

Kennzeichen der wissensbasierten Dienstleistungsgesellschaft

Die wissensbasierte Dienstleistungsgesellschaft ist wesentlich gekennzeichnet durch

- den dramatischen Rückgang von industrieller Massenproduktion mit stark arbeitsteiliger menschlicher Beteiligung hin zu individuellen Produkten und Dienstleistungen, die tendenziell durch Menschen ganzheitlich allein oder in Teamarbeit hergestellt werden,
- immer kürzer werdende Produktlebenszyklen, um dem hohen Innovationsdruck zu begegnen und dem Bedürfnis der Menschen nach immer Neuem, Anderem und Individuellerem entgegenzukommen,
- einen hohen Anspruch an Qualität im Gegensatz zur Forderung der Industriegesellschaft nach Quantität (immer Besseres und Anderes anstatt immer mehr von genau der gleichen Sorte),
- einen immer schnelleren Umschlag aktuellen Wissens und Könnens (»Halbwertzeit des Wissens«), was bereits unter dem Schlagwort der Notwendigkeit lebensbegleitenden Lernens seinen Niederschlag gefunden hat,
- den Anspruch hoher Flexibilität, Mobilität und Kreativität an die Individuen sowohl im Arbeitsprozess als auch im privaten Bereich,
- den allgemeinen Trend zur Globalisierung und damit auch zum verschärften internationalen Wettbewerb.

Auswirkungen auf die Tagungs- und Kongresswirtschaft

Unterstellt man, dass diese Trends die gesellschaftliche Wirklichkeit abbilden, haben sie erhebliche direkte und indirekte Auswirkungen auf die Tagungs- und Kongresswirtschaft.

Die Tagungs- und Kongresswirtschaft ist selbst ein moderner Dienstleistungsbereich

1. Die Tagungs- und Kongresswirtschaft ist selbst ein moderner Dienstleistungsbereich, dessen Produkte nur dann akzeptiert werden, wenn sie auf die individuellen Wünsche und Bedürfnisse der Adressaten ausgerichtet, möglichst entsprechend dem Wunsch nach Neuem und Besonderem Unikate darstellen (»Eventisierung«) und darüber hinaus mit hoher Professionalität im Rahmen der synergetischen Formen der Teamarbeit ganzheitlich (»möglichst aus einer Hand«) und in hoher Qualität erbracht werden.

Professionalität ist unabdingbar

Das bedeutet, dass Profis mit hoher Sachkompetenz und vor allem höchster Methoden- und Sozialkompetenz in entsprechender institutioneller Umgebung (Arbeits- und Organisationsstrukturen) in je angemessenen Veranstaltungsstätten von hohem Standard ihre individuell zugeschnittenen Dienstleistungen in Form von erfolgreichen Tagungen und Kongressen erbringen.

Negativ ausgedrückt: Das selbst ernannte Organisationstalent mit gutem Willen, verkäuferischen Fähigkeiten und traditionellem Arbeitseifer reicht nicht mehr aus, genau wie diejenigen nicht mehr akzeptiert werden, die Einzelleistungen anbieten und nicht bereit sind, sich in die Formen der ganzheitlichen teamorientierten Leistungserstellung einzubinden. Der »Allround-Einzelkämpfer« hat auf den Märkten immer weniger Chancen.

2. Das Bedürfnis der Menschen nach Abwechslung, der hohe Innovationsdruck und die Halbwertzeit des Wissens haben nicht nur Auswirkungen auf die Art und Qualität der Produkte der Tagungs- und Kongresswirtschaft, sondern darüber hinaus auch ganz allgemein auf die Häufigkeit entsprechender Veranstaltungen. In dem Maße wie sich die Lebenszyklen von Produkten und Dienstleistungen im Zuge der oben beschriebenen Tendenzen verkürzen, steigt die Notwendigkeit, ständig neue und wechselnde Angebote professionell in die Märkte einzuführen und entsprechende Informationen zu vermitteln. Das bedeutet

Kontinuierlich müssen verschiedenen Bezugsgruppen neue Informationen vermittelt werden

   - kontinuierliche Fort- und Weiterbildung aller am Produktionsprozess Beteiligten (Fachschulungen, berufliche Weiterbildung),
   - häufiges Weiter- und Neulernen im Vertrieb (Produktschulung),
   - Veranstaltungen zur Einführung neuer Produkte (Messen, Präsentationsveranstaltungen, kongressbegleitende Ausstellungen etc.),
   - praxisorientierte Anwenderinformationen für stark erklärungsbedürftige Produkte und Dienstleistungen (Anwenderschulungen, Bedienungstraining etc.).

3. In dem Maße, wie lebensbegleitendes Weiter- und vor allem Neulernen unter dem Zwang allgemeiner wirtschaft-

Seminare, Tagungen und Kongresse entwickeln sich zu zentralen Umschlagplätzen für die »Produktionsressource Wissen«

licher und gesellschaftlicher Tendenzen als Notwendigkeit erkannt werden (wobei der Verfall aktuellen Wissens im Mittelpunkt steht), entwickeln sich Seminare, Tagungen und Kongresse zu zentralen Umschlagplätzen für die »Produktionsressource Wissen« und nehmen so einen wichtigen Platz in Wirtschaft und Gesellschaft ein.

4. Die Veranstaltungswirtschaft nimmt somit an Umfang, Umsatz, Vielfältigkeit, Qualität und Professionalität ihrer Produkte sprunghaft zu. Hinzu kommt, dass die Tagungs- und Kongresswirtschaft tendenziell mit der Ausstellungs- und Messewirtschaft nach Zielsetzungen, Inhalten, Methoden, aber auch bereits organisatorisch und von den baulichen und ausstattungsmäßigen Anforderungen her zusammenwächst.

   Die Konsequenz ist, dass die Veranstaltungswirtschaft insgesamt nicht nur ein eigenständiges Profil und Selbstverständnis erhält, sondern auch erheblich an gesellschaftlicher und wirtschaftlicher Bedeutung gewinnt.

   Verbunden damit ist die Entwicklung zu einem selbstständigen Wirtschaftszweig, der nicht länger wie in der Vergangenheit als Teil des Tourismus gesehen werden kann.

FAZIT

Die Tagungs- und Kongresswirtschaft nimmt in der wissensbasierten Dienstleistungsgesellschaft von ihrer wirtschaftlichen und gesellschaftlichen Bedeutung her im Rahmen der gesamten Veranstaltungswirtschaft eine wichtige Stellung ein.

Sie entwickelt in diesem Prozess sämtliche Merkmale eines eigenständigen Wirtschaftszweiges (hohe Umsätze, flächenmäßige Präsenz, hochwertige Infrastruktur, Bekanntheitsgrad, eigenständige Berufsbilder, gemeinsame verbandliche Vertretung, branchenorientierte Bildungsstätten, eigenständige Lobbytätigkeiten etc.), wird sich dessen bewusst und leitet die entsprechenden inhaltlichen und organisatorischen Konsequenzen ein.

Tagungen und Kongresse als Drehscheibe des Wissensmanagements

Um nun das Verhältnis von Kongressen, Tagungen und Seminaren zum allgemeinen Wissensmanagement durchschaubar zu machen, werfen wir zuerst einen Blick auf das Feld des Wissensmanagements.

In der entsprechenden Literatur wird Wissen ziemlich übereinstimmend als das Ergebnis von Prozessen verstanden, in denen Daten durch allgemeine sachlich/inhaltliche Zusammenhänge zu Informationen verknüpft werden, die so eine allgemeine Bedeutung gewinnen.

Wissen muss, um wirksam werden zu können, immer erst in einen individuellen Bedeutungshorizont gestellt werden

Diese Informationen werden mit didaktischen Mitteln für bestimmte Zwecke und Adressaten aufbereitet und in einem Kommunikationsprozess (Lernen im weitesten Sinne) Personen und/oder kleinen Gruppen vermittelt. Erst wenn Wissen in einem Erkenntnisprozess mit dem je individuellen Vorwissen, den Erfahrungen und Einstellungsmustern in Verbindung gebracht und vernetzt wird, kann es in den Köpfen von Menschen verarbeitet und so nachhaltig für zukünftiges Handeln vorgehalten werden.

Ein Wissensmanager ist also eine Person, die Daten zu Informationen aufbereitet, diese in einen zielgerichteten Kontext stellt, sie mit didaktischen Mitteln adressatengerecht für einen Lernprozess aufbereitet und an Informationssuchende oder besser »Wissen-Wollende« verteilt. Wird dies professionell, sachlich angemessen und vor allem im Hinblick auf das Erkenntnisinteresse der Adressaten umgesetzt, kommt es in deren Köpfen zu einem Erkenntnis- oder Verstehensprozess, indem die im Kontext zur Verfügung gestellten Informationen mit eigenem Vorwissen und eigenen Erfahrungen zu individuellem neuen Wissen verarbeitet werden.

Konsequenzen für Tagungen und Kongresse in der Wissensgesellschaft

Unter diesen Aspekten betrachtet, ergeben sich für Seminare, Tagungen und Kongresse in der Wissensgesellschaft vor allem zwei Konsequenzen.

1. Seminare, Tagungen und Kongresse sind Veranstaltungen, die allgemeine Daten und Informationen mit didaktischen Mitteln zu spezifischen Inhalten und Themen aufbereiten und zielgerichtet an bestimmte Adressatengruppen in geeigneter Form herantragen mit der Zielsetzung,

dass diese Inhalte bei den Teilnehmern zu Erkenntnis- und Verstehensprozessen führen und ihr späteres Handeln beeinflussen.

Bei Tagungen und Kongressen handelt es sich also wesentlich um Veranstaltungen der Wissensvermittlung (Wissenstransfer) und Handlungsbeeinflussung.

Tagungen und Kongresse sind ganz zentrale Umschlagplätze von Wissen in unserer Gesellschaft

Betrachtet man die Anzahl von Tagungen und Kongressen z. B. in Deutschland und beachtet gleichzeitig die großen Teilnehmerzahlen, so kann man feststellen, dass Tagungen und Kongresse ganz zentrale Umschlagplätze von Wissen in unserer Gesellschaft darstellen.

Die konkreten Tätigkeiten eines Veranstaltungsmanagers ähneln denen eines Wissensmanagers

2. Die konkreten Tätigkeiten eines Veranstaltungsmanagers ähneln frappierend denen eines Wissensmanagers. In der Vorbereitung kommt es wesentlich darauf an, dass vereinzelt auffindbare Daten in einen inhaltlichen Kontext gestellt werden, d. h. zu Themen verdichtet werden, um dann inhaltlich und methodisch so aufbereitet zu werden, dass intendierte Adressatengruppen in möglichst großer Zahl zu Erkenntnissen kommen können.

   Es handelt sich also in der ersten Phase um einen Prozess der Sammlung und zielgerichteten Aufbereitung von Daten und Informationen.

   In der zweiten Phase werden diese dann mithilfe didaktischer Mittel und Methoden in einen Kontext gestellt, der die Themen für die Adressaten attraktiv macht.

   Im Rahmen der Organisation einer effektiven Veranstaltung zur Wissensvermittlung werden diese Inhalte dann in einer dritten Phase unter Einsatz geeigneter Medien und Kommunikationsformen dergestalt verdichtet, dass die Tagungs- und Kongressteilnehmer zu jeweils eigenen Erkenntnisprozessen oder gar Handlungsstrategien gelangen können.

FAZIT

- *Tagungen und Kongresse sind Veranstaltungen, in denen Wissenstransfer – nicht zuletzt aufgrund ihrer verhältnismäßig hohen Teilnehmerzahlen – in großem Umfang stattfindet.*
- *Tagungen und Kongresse sind organisierte Gelegenheiten, bei denen die zentrale Produktionsressource »Wissen« in einer wissensbasierten Dienstleistungsgesellschaft auf jeweils höherer Ebene entsteht und in großer Menge umgeschlagen wird.*
- *Veranstaltungsstätten sind damit die mehr oder weniger geeigneten örtlichen Umschlagplätze von Wissen.*
- *Die Organisatoren und Manager solcher Veranstaltungen übernehmen innerhalb von Unternehmen, Verbänden oder anderen größeren Gruppen oder für entsprechende Organisationen oder die Gesellschaft selbst die Rolle von Wissensmanagern.*

Teil A Allgemeine Grundlagen

Der Tagungs- und Kongressmarkt (MICE – Meeting, Incentive, Congress, Event) wird hier als eigenständige Wirtschaftsbranche und nicht als Geschäftsreisetourismus oder ein anderes Tourismussegment gesehen. Im Mittelpunkt der folgenden Ausführungen steht also nicht der Zweck einer Reise an sich (sei sie geschäftlich oder touristisch motiviert), sondern die Veranstaltung selbst (inkl. aller Organisatoren und Beteiligten).

1 Der Tagungs- und Kongressmarkt

Es gibt kaum verlässliche Marktuntersuchungen

Trotz der weltweiten Entwicklung des Tagungs- und Kongresswesens zu einem überaus bedeutenden Wirtschaftsfaktor gibt es kaum verlässliche Marktuntersuchungen für diesen Bereich. Aufgrund der fehlenden vergleichbaren statistischen Daten wird die Kongress- und Tagungsbranche als eigener Wirtschaftsbereich kaum wahrgenommen.
Will die Branche von der Politik, der Wirtschaft und den Medien ähnlich ernst genommen werden wie die Messe- oder Tourismuswirtschaft, muss sie mit Unterstützung von Experten und professionellen Marktforschungsinstituten aussagefähige Statistiken liefern. Hierzu zählen z. B. eine offizielle Veranstaltungsstatistik und Erhebungen zu den sozio-ökonomischen Effekten von Kongressen und Tagungen. Gerade die Kongresszentren, die an Messegesellschaften angegliedert sind, können von den Erfahrungen in den eigenen Unternehmen profitieren.

Initiativen zu diesem Thema werden zu Beginn sicher von einzelnen Bereichen der Kongress- und Tagungswirtschaftoder von einzelnen Ländern ausgehen müssen, können aber mit Unterstützung des nationalen German Convention Bureau (GCB) und internationalen Organisationen wie der International Congress and Convention Associaton (ICCA) ausgeweitet werden.

Nennenswerte Markterhebungen wurden von der ICCA und der Union of International Associations (UIA) erarbeitet. Für den deutschen Kongress- und Tagungsmarkt wurden

1986, 1994 und 1999/2000 durch das German Convention Bureau (GCB) initiiert und fachlich von unterschiedlichen Instituten begleitet Marktanalysen erarbeitet.

1.1 Territoriale Verteilung

Die umfassendste Untersuchung zum Kongress- und Tagungsmarkt wird durch die Union of International Associations (UIA) vorgenommen. Wegen der Kriterien (mindestens drei Tage Dauer, über 300 Teilnehmer, mindestens 40 Prozent ausländische Teilnehmer aus fünf oder mehr Nationen) deckt die Untersuchung nur einen Teilbereich ab. Darüber hinaus werden nationale, religiöse, sportliche, politische und vor allem wirtschaftlich motivierte Tagungen nicht berücksichtigt.

Die Erhebung zum deutschen Kongress- und Tagungsmarkt hat ergeben, dass nur ca. 1/5 aller Veranstaltungen drei Tage oder länger dauern und dass nur 5 Prozent aller Veranstaltungen mehr als 400 Teilnehmer haben.

Die Hälfte aller weltweiten Verbandskongresse entfällt auf nur zehn Länder

Danach entfällt ca. die Hälfte aller weltweiten Verbandskongresse auf nur zehn Länder.

»ICCA Statistics«

Die zweite nennenswerte Marktanalyse wird in der »ICCA Statistics« abgebildet. In dieser Erhebung wird den Entwicklungen der Branche stärker Rechnung getragen. So müssen die zu erfassenden Veranstaltungen nur mindestens 50 Teilnehmer aufweisen, regelmäßig stattfinden und zwischen mindestens vier Ländern rotieren. Inhaltliche Einschränkungen werden nicht gemacht. Neben der obligatorischen Analyse zur quantitativen Marktentwicklung der Kontinente, Staaten und Städte werden vor allem auch Corporate Meetings separat betrachtet.

So sind schon bei einem ersten Blick deutliche Unterschiede in der Bedeutung der einzelnen Destinationen zu erkennen. Ist Hong Kong/China im Jahr 2001 bei den Verbandstagungen nicht unter den ersten 25 Top-Nationen zu finden, rangiert die Destination bei Corporate Meetings mit großem Abstand an erster Stelle. Dagegen spielen neben Deutschland die USA, Großbritannien, Frankreich, Spanien, Italien und die Niederlande in beiden Marktsegementen eine bedeutende Rolle. Tagungen und Kongresse mit medizinischen Inhalten machten im Jahr 2000 25 Prozent aller Verbandstagungen aus!

Innerhalb der durch das GERMAN CONVENTION BUREAU (GCB) durchgeführten Untersuchung des deutschen Tagungsmarktes wurde ein Fazit für die Anbieter von Tagungs- und Kongressräumen gezogen. Es erwies sich, dass Anbieter, die folgende Anforderungen erfüllen, die besten Chancen haben sich im Markt zu behaupten (German Convention Bureau: Der deutsche Kongress- und Tagungsmarkt 1999/2000):

ANFORDERUNGEN AN DIE ANBIETER VON TAGUNGS- UND KONGRESSRÄUMEN

STANDORT:
- gute verkehrsmäßige Erreichbarkeit,
- maximal 200 km von den wichtigsten Quellmärkten entfernt,
- Übernachtungs-, Gastronomie-, Freizeit-, Kultur- und Unterhaltungsangebote in unmittelbarem Umfeld,
- Nähe zu einer touristisch attraktiven Region.

VERANSTALTUNGSANGEBOT:
- Bereitstellen von Komplettangeboten,
- umfangreiches, flexibel zu gestaltendes Raumangebot,
- moderne Tagungstechnik,
- Räume mit Tageslicht,
- Ausstellungsflächen.

DIENSTLEISTUNGSANGEBOT:
- fester Ansprechpartner für alle Belange der Planung und Durchführung von Tagungen und Kongressen,
- professionelle Mitarbeiter,
- hohe Flexibilität.

1.2 Thematische Verteilung

Kongresse von Gesellschaften und Verbänden

Europa und Nordamerika konnten die größten Marktanteile auf sich vereinigen

Laut »ICCA-STATISTICS« verhielt sich der Markt im Jahr 2000 relativ stabil. Europa und Nordamerika konnten die größten Marktanteile auf sich vereinigen. Starken Auftrieb hat Australien erfahren, was aber 2000 wesentlich durch die Olympischen Spiele in Sydney beeinflusst worden ist. Die meisten Verbandstagungen haben eine Größe von 250 bis 500 Teilnehmern. Immerhin 11 Prozent der Veranstaltungen wurden von mehr als 2.000 Teilnehmern besucht. So ist die durchschnittliche Teilnehmerzahl von 638 im Jahr 1993 auf 815 in 2000 gestiegen. Die Tagungen finden zu gleichen Anteilen in Kongresszentren ohne und mit angegliedertem Hotelbereich, eigenständigen Hotels bzw. Universitäten statt. Bevorzugter Veranstaltungszeitraum sind die Monate Mai bis Oktober mit Ausnahme des Monats August. Die Dauer der Veranstaltungen nimmt kontinuierlich ab.

Corporate Meetings

Die meisten Firmenveranstaltungen haben eine Größe von 20 bis 100 Teilnehmern. Beachtliche 7 Prozent aller Veranstaltungen werden von mehr als 1.000 Teilnehmern besucht (ICCA-Statistik, www.icca.nl).

Die eigenen Mitarbeiter sind die Hauptzielgruppe der Corporate Meetings. Bei Tagungen für Teilnehmer, die nicht direkt dem Unternehmen angehören, haben Themen wie Produktpräsentationen, Symposien, Händlertreffen und Ausstellungen eine große Bedeutung.

Die eigenen Mitarbeiter sind die Hauptzielgruppe der Corporate Meetings

Corporate Meetings werden vorwiegend von asiatischen und europäischen Unternehmen durchgeführt. Insgesamt kommen nur Firmen aus weltweit zehn Ländern für diese Veranstaltungsformen infrage. 60 Prozent der Firmen wählten einen Tagungsort in Europa. Die meisten Veranstaltungen finden in den USA statt. Hotels zählen gefolgt von Kongresszentren zu den am meisten nachgefragten Veranstaltungsorten. Neben Unternehmen der chemischen und Textilindustrie führen Firmen, die elektrische und elektronische Produkte herstellen, die Liste der Veranstalter an. Interessant ist, dass zunehmend auch Dienstleistungsunternehmen, wie z.B. Versicherungen, die Angebote des Kongress- und Tagungsmarktes nutzen.

Zunehmend nutzen auch Dienstleistungsunternehmen die Angebote des Kongress- und Tagungsmarktes

KLASSISCHE MESSEN WERDEN IN ZUKUNFT IMMER WENIGER SCHAUPLATZ FÜR ERSTPRÄSENTATIONEN VON INNOVATIONEN SEIN.

Großunternehmen ziehen immer stärker andere Präsentationsformen in Erwägung. Messen müssen deshalb künftig stärker als bisher die Vermittlung von Wissen in das Zentrum ihrer Aktivitäten stellen. Dabei sollten fachbezogene Kongresse noch stärker in Messeveranstaltungen integriert werden, um Synergieeffekte zu nutzen (AUMA, Deutsches Messeforum 2002).

Messebegleitende Tagungen und Kongresse

Viele Messegesellschaften reagieren mit der Ausweitung ihres messebegleitenden Fachprogramms

Die positive Entwicklung im Kongressbereich geht sicher zulasten der Entwicklung von Messeveranstaltungen. Dieser Entwicklung Rechnung tragend, haben viele Messegesellschaften mit der Ausweitung ihres messebegleitenden Fachprogramms reagiert. So werden gezielt Verbände, Institute oder Unternehmen zur Nutzung der Kongress- und Tagungsmöglichkeiten motiviert. Zahlreiche Veranstaltungen (Internationale Tourismusbörse; Berlin Expopharm, wechselnd zwischen Berlin, München, Köln; Orthopädie und Rehatechnik, Leipzig) erhalten durch das Fachprogramm ein eigenes Profil. Einzelne Branchen bieten sogar zertifizierte Kurse im Rahmen von Messen an.

Bedenken der ausstellenden Unternehmen, Fachpogramme würden die Besucher aus den Messehallen fern halten, haben sich nicht bewahrheitet, da messebegleitende Tagungen und Kongresse die Attraktivität der Messe steigern und zusätzliche Besucher anziehen.

Kongressmesse

Verbindung von Kongressprogramm und thematischer Ausstellung

Interessant für die Entwicklung von neuen Messethemen ist die Verbindung von Kongressprogramm und thematischer Ausstellung. Ohne große finanzielle Risiken kann so der Markt für neue Produkte und Themen getestet werden. Bei einer Marktakzeptanz kann in den Folgejahren der Ausstellungsanteil ausgebaut werden.

2 Die Beteiligten im Tagungs- und Kongressmarkt

2.1 Vermarktungs- und Lobbyorganisationen

Zur Unterstützung der Branchenaktivitäten gibt es auch in der Tagungs- und Kongressbranche Verbände, Vereinigungen, Organisationen und Kooperationen, die sich für die

Lobbyarbeit verantwortlich zeigen und national und international Vermarktungsunterstützung für die Anbieter leisten sollen. Einige seien namentlich erwähnt. Aufgaben, Ziele und Aktivitäten sind leicht über die entsprechenden Internetadressen zu recherchieren.

internationale und nationale Branchenorganisationen

- Internationale Organisationen
  - INTERNATIONAL CONGRESS AND CONVENTION ASSOCIATON (ICCA),
  - INTERNATIONAL ASSOCIATION OF PROFESSIONAL CONGRESS ORGANIZER (IAPCO),
  - MEETING PROFESSIONALS INTERNATIONAL (MPI),
  - ASSOCIATION INTERNATIONALE DES PALAIS DE CONGRÉS (AIPC),
  - EUROPÄISCHER VERBAND DER VERANSTALTUNGS-CENTREN (EVVC),
  - UNION OF INTERNATIONAL ASSOCIATIONS (UIA),
  - AMERICAN SOCIETY OF ASSOCIATION EXECUTIVES (ASAE)
- Nationale Kongressbüros
  - GERMAN CONVENTION BUREAU (GCB) u. a.
- Nationale Lobbyorganisationen
  - AUSSTELLUNGS- UND MESSE-AUSSCHUSS DER DEUTSCHEN WIRTSCHAFT (AUMA)
  - DEUTSCHE GESELLSCHAFT ZUR FÖRDERUNG UND ENTWICKLUNG DES SEMINAR- UND TAGUNGSWESENS (DeGefest)
- Städtische Kongressbüros,
- Marketingkooperationen.

Initiativen, die sich über ein kooperatives Marketing Wettbewerbsvorteile verschaffen

Neben den offiziellen Partnern der Kongressbranche gibt es zahlreiche Initiativen, die sich zusammengeschlossen haben, um sich über ein kooperatives Marketing Wettbewerbsvorteile zu verschaffen.

Ohne Erfolg und Wirkung analysiert zu haben, sollen an dieser Stelle einige der wichtigsten genannt werden:

- gesamtes MICE-Angebot der Destination Leipzig: *www.do-it-at-leipzig.de*
- thematische Kooperationen: *www.seven-centers.de*
- Hotelkooperationen unter Beteiligung eines Kongress- oder Veranstaltungszentrums: YOUR CONFRIENDS, Leipzig; CONVENTIONS UNLIMITED, Frankfurt/Main

2.2 Die Anbieter

Kongresszentren

multifunktionale Gebäude für unterschiedlichste Nutzungen

Kongresszentren sind multifunktionale Gebäude, die neben einer Vielzahl von Räumen und modernsten technischen Einrichtungen über großzügig angelegte Foyers oder andere Flächen für unterschiedlichste Nutzungen (Ausstellungen, Bankette, Buffets, Empfänge etc.) verfügen. Kongresszentren können eigenständig existieren (CONGRESS CENTER MANNHEIM, GRIMALDI FORUM MONACO, CONGRESS CENTER HAMBURG), sind an ein Hotel (ESTREL CONVENTION CENTER BERLIN, MARITIM INTERNATIONALES KONGRESSZENTRUM DRESDEN – voraussichtliche Eröffnung Herbst 2004) oder in den meisten Fällen direkt an Messegesellschaften angegliedert und ergänzen einerseits das Messeprogramm und verfügen andererseits über großzügige Erweiterungsflächen (München, Frankfurt/Main, Leipzig, Stuttgart, Köln, Düsseldorf, Berlin).

Veranstaltungszentren

Veranstaltungszentren gewinnen für »Firmenevents« zunehmend an Bedeutung

Veranstaltungszentren wie Stadthallen, Multifunktionshallen und Sportarenen sind in erster Linie für die Durchführung kultureller, sportlicher oder politischer Veranstaltungen erbaut worden. Veranstaltungszentren verfügen meist über wenige, sehr große Räume. Die Qualität der veranstaltungstechnischen Ausstattung und multimedialen Einrichtungen reicht oft nicht an die Kongresszentren heran. Ausreichende und mit den notwendigen Medien ausgestattete Ausstellungsflächen stehen kaum zur Verfügung. Veranstaltungszentren gewinnen aber neben ihren klassischen Nutzungsformen (Sportveranstaltungen, Konzerte) für »Firmenevents« zunehmend an Bedeutung (Beispiele: ARENA AUF SCHALKE, ARENA LEIPZIG, TEMPODROM BERLIN).

Tagungshotels

Im Rahmen einer quantitativen Betrachtung größte Bedeutung im Anbieterbereich

Im Rahmen einer quantitativen Betrachtung muss den Tagungshotels die größte Bedeutung im Anbieterbereich zugeschrieben werden. Gegenüber anderen Marktpartnern können sie umfassende Tagungspauschalen, bestehend aus Tagungsraumangebot, Übernachtungsangebot und gastronomischem Angebot, offerieren. Tagungshotels eignen sich aufgrund geringer Raumgrößen und Raumhöhen vor allem für kleinere Tagungen und Firmenveranstaltungen. Sie verfügen über eingeschränkte veranstaltungstechnische Möglichkeiten und geringe Ausstellungsflächen.

Universitäten, Hochschulen

Universitäten und Hochschulen werden von den eigenen Angestellten häufig für kleinere Symposien oder ähnliche Veranstaltungsformen, in denen der wissenschaftliche Austausch im Mittelpunkt steht, genutzt. Veranstalter wissenschaftlicher Kongresse nutzen Hochschulen trotz vielfach mangelhafter technischer Einrichtung, fehlender gastronomischer Versorgung, mangelndem Ambiente und fehlender Exklusivität aus Kostengründen, da die Mieten sehr preiswert oder die Räumlichkeiten sogar kostenfrei sind.

Hochschulen bieten preiswerte Tagungsstätten

Messegesellschaften

Aufgrund ihrer exzellenten technischen und räumlichen Infrastruktur sowie der meist hervorragenden Verkehrsanbindung werden Messegelände insbesondere für Großveranstaltungen (Firmenveranstaltungen, Parteitage, Großkonzerte etc.) genutzt. Die meisten Messegesellschaften verfügen über direkt an das Messegelände angebundene moderne Kongresszentren, die für messebegleitende Fachprogramme, aber auch für selbstständige Kongresse und Tagungen genutzt werden.

Messegesellschaften bieten exzellente technische und räumliche Infrastruktur sowie gute Verkehrsanbindung

Bildungseinrichtungen, Akademien

Öffentliche Träger (Parteien, Kirchen), aber zunehmend auch Firmen (Deutsche Bahn AG, Ostdeutsche Sparkassenakademie) betreiben und nutzen Akademien vorwiegend für eigene Fort- und Weiterbildungszwecke. Aufgrund der angegliederten gastronomischen und Übernachtungsmöglichkeiten werden sie auch zunehmend, wenn auch – aufgrund mangelnder Servicequalität – mit geringem Erfolg, in Konkurrenz zu Tagungshotels vermarktet.

Special Event Locations

Einhergehend mit der heterogenen Verwendung des Begriffes »Event« ist die Nutzung gleichnamiger Veranstaltungsstätten. Bei der Auswahl solcher Orte spielt in erster Linie das einzigartige Ambiente ein Rolle. »Special Event Locations«

einzigartiges Ambiente

Der Charakter des »Besonderen« steht im Mittelpunkt

werden meist für Incentives genutzt. Der Charakter des »Besonderen« steht im Mittelpunkt. Die Nutzung stellt die Veranstalter häufig vor eine große organisatorische und logistische Herausforderung, da tagungsrelevante Voraussetzungen nicht oder nur bedingt vorhanden sind. Dies schlägt sich meist auch auf die Kostenkalkulation nieder.

Die wachsende Nachfrage spiegelt sich in der Vermarktung wider. So nehmen Kongressdestinationen »Special Event Locations« im Rahmen von vorwiegend an Event- und Marketingagenturen oder Eventabteilungen von Firmen gerichteten Familiarization-Trips auf oder publizieren diese. Im Kongressbereich gewinnen »Special Event Locations« bei mehrtägigen Veranstaltungen als Alternativangebote z.B. für Abendveranstaltungen an Bedeutung.

2.3 Die Nutzer

Interessenverbände und -vereinigungen

Verbände und Vereinigungen arbeiten i.d.R. als Nonprofit-Organisationen auf privatrechtlicher Ebene. Sie können auf Welt-, Kontinental-, National- oder Regionalebene gegründet werden. Die inhaltliche Ausrichtung kann wissenschaftlich (wirtschafts-, geisteswissenschaftlich, medizinisch, z.B. Fraunhofer-Institute, Max-Planck-Gesellschaften), berufsständisch (z.B. Bauern, Handel, Tourismus), durch Kammern (Handwerkskammern, Industrie- und Handelskammern) oder Innungen (Bundes- oder Landesinnungsverbände), Sport und Freizeit (Deutscher Sportbund, Landessportverbände) definiert sein. Neben der Interessenvertretung der Mitglieder werden ihnen im Wesentlichen umfangreiche Forschungs-, Projektentwicklungs- und Fortbildungsaufgaben zugeschrieben.

Interessenverbände haben im Kongress- und Tagungsmarkt eine herausragende Bedeutung

Interessenverbänden kommt im Kongress- und Tagungsmarkt eine sowohl quantitativ als auch qualitativ herausragende Bedeutung zu. Aus den Aufgabengebieten heraus lassen sich auch die Formen der Veranstaltungen erkennen. Neben den laut Satzung oder Statut jährlich durchzuführenden Mitgliederversammlungen werden durch die Verbände und Organisationen nahezu alle im Fort- und Weiterbildungsbereich denkbaren Veranstaltungsformen organisiert. Diese

Veranstaltungen werden je nach Größe und Anforderungen an Technik und veranstaltungsbegleitender Ausstellungsfläche von nahezu allen oben genannten Anbietern durchgeführt.

Die medizinischen Gesellschaften bestimmen weltweit die Entwicklung des Kongress- und Tagungsmarktes

Innerhalb der Verbände und Vereinigungen nehmen die medizinischen Gesellschaften eine Sonderform ein und bestimmen weltweit die Entwicklung des Kongress- und Tagungsmarktes. Aufgrund ihrer engen Verbindung mit der medizinisch-technischen und Pharmaindustrie stellen sie hinsichtlich der Ausstellungsflächen und -räumlichkeiten besondere Anforderungen an die Organisatoren und Anbieter. Neben einem großen Plenarsaal werden zahlreiche Breakout-Räume für Vorträge, Workshops oder Satellitensymposien der medizinischen und Pharmaindustrie benötigt.

Die Anforderungen an die Kongresstechnik sind in den letzten Jahren ebenfalls dramatisch gestiegen. Waren noch vor drei bis vier Jahren fast ausschließlich Diaprojektionen und Overheadpräsentationen an der Tagesordnung, so haben die modernsten audio-visuellen Medien bis hin zu Live-Schaltungen in Operationssäle Einzug gehalten. Neben den oben genannten allgemeinen Aufgaben haben die in Verbindung mit Kongressen und Tagungen stehenden medizinischen Ausstellungen eine besondere Funktion.

So hat die Pharmaindustrie *»Kongresse als die effizienteste Methode zur Verbreitung klinischer Forschungen und Studien innerhalb der Berufsgruppe der Mediziner«* erkannt (www.ipcaa.com). Eigens dazu wurde die International Pharmaceutical Congress Advisory Association (IPCAA) gegründet, die neben einem allgemeinen »Code of Conduct« klare Anforderungen an die Organisatoren und Anbieter in puncto Tagungsstätte und kongressbegleitende Ausstellung formuliert. Noch detaillierter sind die Richtlinien der Health Care Exhibitors Association (HCEA), die die langjährigen Erfahrungen mit kongressbegleitenden Ausstellungen abbilden. Da die Anforderungen und Erwartungen aller Teilnehmer und Partner medizinischer Kongresse und Tagungen tendenziell höher werden, führen zahlreiche medizinische Gesellschaften Ausschreibungen mit klar definierten Kriterien an die Veranstaltungsstätten mit dem Ziel durch, die für die jeweilige Gesellschaft optimalen Veranstaltungsstätten herauszufiltern und nicht, wie vielfach üblich, der örtlichen Wirkungsstätte des jährlich wechselnden Tagungspräsidenten Tribut zu zollen.

Verbandsversammlungen werden ca. ein Jahr im Voraus vergeben und dauern zwei Tage, während medizinische Gesellschaften langfristiger planen (zwei bis drei Jahre national und bis zu fünf oder sechs Jahre international) und länger tagen (drei bis fünf Tage).

Firmenveranstaltungen (Corporate Meetings)

Firmentagungen und -kongresse sind insbesondere für Kongresszentren und Tagungshotels eine wichtige Zielgruppe

Firmentagungen und -kongresse haben sich in den vergangenen Jahren stark entwickelt und gehören für die meisten Anbieter insbesondere aber für Kongresszentren und Tagungshotels zu einer wichtigen Zielgruppe. Mitunter dominieren sie in Regionen mit einer leistungsstarken Wirtschaft das Veranstaltungsgeschehen. Der Großteil der Veranstaltungen sind Firmenmeetings oder -seminare mit einer geringen Teilnehmerzahl (unter 50 Teilnehmer). Hierunter fallen vor allem Veranstaltungsformen, die dem Wissensaustausch und der Fortbildung der eigenen Mitarbeiter dienen (Personal- und Kundenschulungen). Der Anteil größerer Veranstaltungen, die teilweise sogar Ausstellungsflächen von mehreren 1.000 Quadratmetern Ausstellungsfläche benötigen, steigt.

Kongresse, die klassischen Fachmessen sehr nahe kommen

Es ist auch zu beobachten, dass einzelne Unternehmen (SAP, MICROSOFT, APPLE) Kongresse organisieren, die klassischen Fachmessen sehr nahe kommen bzw. diese sowohl hinsichtlich der Teilnehmer- und Ausstellerzahlen als auch der Ausstellungsfläche deutlich übertreffen (MAC-WORLD, SAPPHIRE, Einführungen neuer Modelle in der Automobilindustrie). Für die Durchführung solcher Veranstaltungen eignen sich aufgrund der räumlichen und logistischen Voraussetzungen insbesondere Kongresszentren, die direkt an ein Messegelände angegliedert sind. Der Wissensaustausch und die Präsentation von Produktinnovationen stehen im Mittelpunkt großer Firmenveranstaltungen. Firmentagungen und -kongresse sind in nahezu allen Wirtschaftsbranchen, besonders aber der Automobilindustrie, der Hard- und Softwareindustrie, bei Telekommunikationsunternehmen und in der Finanzindustrie anzutreffen.

An dieser Stelle soll auf zwei spezielle Veranstaltungsformen von Firmen eingegangen werden.

Incentives

Neben Incentives (exklusive Motivationsversammlungen für Mitarbeiter oder Kunden) haben in den letzten Jahren vor allem Hauptversammlungen von Aktiengesellschaften (AG), die laut Aktiengesetz mindestens einmal jährlich stattfinden müssen, an Bedeutung gewonnen.

Hauptversammlungen von Aktiengesellschaften

Bei Produktpräsentationen und Jahreshauptversammlungen handelt es sich i.d.R. um eintägige Veranstaltungen, während Schulungen, Fortbildungsveranstaltungen oder Incentives mehrere Tage in Anspruch nehmen können. Die Organisation und Planung erfolgt sehr kurzfristig (drei bis sechs Monate, bei Großveranstaltungen max. ein Jahr).

Politische und gesellschaftspolitische Organisationen und Vereinigungen

Kongresse und Tagungen von politischen oder gesellschaftspolitischen Organisationen (Parteien, Gewerkschaften, Stiftungen, Bundes- und Landesorganisationen) fallen zwar quantitativ eher gering ins Gewicht, zählen aber wegen ihrer öffentlichen Wahrnehmung, wegen der Größe und den technisch-organisatorischen Anforderungen zu den interessanten Veranstaltungsformen für große Kongress- und Veranstaltungszentren. Für den deutschen Markt sind hier vor allem Bundes- und Landesparteitage sowie Gewerkschaftstage interessant. Während Parteitage laut Statuten jährlich durchgeführt werden, finden Gewerkschaftstage i.d.R. nur alle drei Jahre statt. Programmatische Diskussionen, diverse Wahlen und Abstimmungen sowie Basiskommunikation stehen im Mittelpunkt. Die entsprechenden Organisationen veranstalten darüber hinaus thematische Kongresse und Tagungen (Zukunftskonferenz, Industriepolitische Konferenz, Stadt und Handel). Die Größe ist je nach territorialer Ausrichtung sehr unterschiedlich. Sie benötigen meist Plenarsäle für 1.500 bis 2.000 Delegierte und Gäste. Eine parlamentarische Bestuhlung ist Pflicht.

öffentlichkeitswirksame Veranstaltungen

Aufgrund der Größe und wegen des Medieninteresses an diesen Veranstaltungen kommt der AV-Technik eine Schlüsselposition zu. Rednergroßprojektionen, Präsidien mit mehreren Dutzend Plätzen, Abstimmungs- und Dolmetscheranlagen für zahlreiche Sprachen zählen zu den Standards. Da

Der AV-Technik kommt eine Schlüsselposition zu

das Medieninteresse sehr groß ist, benötigt die Presse komfortable Arbeitsmöglichkeiten, die möglichst in direkter Verbindung mit dem Plenarsaal stehen.

häufig besonders innovative Veranstaltungsdesigns

Von thematischen oder programmatischen Tagungen solcher Organisationen gehen wegen ihrer inhaltlichen Zielstellungen häufig besonders innovative Veranstaltungsdesigns aus. Die Organisationen beauftragen für die inhaltliche Umsetzung der thematischen Ziele meist Bildungsinstitute, die in puncto Methodik und Präsentation hohe Standards setzen und damit verbunden hohe Anforderungen an die Anbieter stellen. Hier müssen häufig allein wegen der ungewöhnlichen Bühnen- und Bestuhlungssituation Sondernutzungen bei den zuständigen Behörden beantragt werden. Der Kreativität der Veranstalter sind praktisch keine Grenzen gesetzt. Für die Organisation bedeutet das höchste Flexibilität.

Aufgrund der teilweise hochkarätigen Teilnehmer aus Politik und Gesellschaft muss auf die Sicherheitsstandards großes Augenmerk gelegt werden.

Während die Planung von Gewerkschafts- und Parteitagen eher langfristig erfolgt (ein bis drei Jahre), werden thematische Inhalte wegen der Aktualität eher kurzfristig (drei bis sechs Monate) umgesetzt.

Entgegen allgemein rückläufiger Tendenz bezüglich der Dauer von Kongressen und Tagungen werden Bundesparteitage an mindestens drei und Gewerkschaftstage sogar an bis zu sieben aufeinander folgenden Tagen veranstaltet.

Internationale und nationale Organisationen und Institutionen

Veranstaltungen internationaler und nationaler Institutionen (UNO, OECD, IWF, EU, NATO, Bundes- und Landesministerien) haben einen ähnlichen Charakter wie die politischer und gesellschaftspolitischer Organisationen. Dennoch gibt es einige kleine Unterschiede, die stichpunktartig beschrieben werden sollen.

organisatorisches Zusammenspiel zahlreicher Partner auf höchstem Niveau

Internationale und nationale Organisationen decken das gesamte Veranstaltungsspektrum ab, verlangen aber in ihrer ausgewachsenen Form (NATO-Herbsttagung, Weltaidskonferenz, Afghanistankonferenz, Weltwirtschaftsgipfel) ein organisatorisches Zusammenspiel zahlreicher Partner auf höchstem Niveau. Die Einflussnahme seitens der Anbieter ist wegen der klar vorgeschriebenen Abläufe sowohl inhaltlich als auch organisatorisch äußerst gering. Auf Grund der hohen logistischen und räumlichen Anforderungen an Austragungsorte müssen teilweise temporäre Gebäude errichtet werden. Häufig werden die Tagungen an einem ständigen Ort organisiert (Weltwirtschaftsgipfel, Davos). Die Sicherheitsvorkehrungen bestimmen das Tagungsgeschehen und in zunehmendem Maße auch das gesamte Tagungsumfeld (Protestveranstaltungen). Sie prägen aber wesentlich, positiv wie auch negativ, das Image einer Tagungs- und Kongressdestination (Weltwirtschaftsgipfel, Genua; Afghanistankonferenz, Bonn-Petersberg).

Notwendige Sicherheitsvorkehrungen bestimmen in zunehmendem Maße das gesamte Tagungsumfeld

Hingegen sind Institutionen wie die EU oder auch Bundesministerien und – für den Tagungs- und Kongressmarkt etwas weniger bedeutend – Landesministerien nicht nur Nutzer von Tagungs- und Kongressräumlichkeiten. Sie fungieren häufig als »Geldgeber« für andere Organisationen. So werden über die Europäische Union und Ministerien Förderprogramme oder Ausschreibungen initiiert, die neben der inhaltlichen Umsetzung teilweise auch die Komplettorganisation von Tagungen und Kongressen umfassen. Dieser Markt scheint zumindest seitens der Anbieter nahezu unbearbeitet. Gerade bei messebegleitenden Tagungen und Kongressen wird diesem Bereich eine wachsende Bedeutung zukommen.

Messegesellschaften (Kongressmesse, messebegleitende Veranstaltung)

Nicht nur in Deutschland wurden die großen Messegelände durch erhebliche Investitionen in angegliederte Kongresszentren sinnvoll ergänzt. Diese werden als Profitcenter innerhalb der Messegesellschaft oder als eigenständiges Unternehmen betrieben. In den meisten Fällen sollten Räumlichkeiten errichtet werden, die die Voraussetzungen schaffen, das Ausstellungsprogramm durch ein Fachprogramm inhaltlich aufzuwerten. Eine Komplettauslastung der Kongresszentren war und ist damit nicht zu erreichen. Die hervorragenden infrastrukturellen Voraussetzungen der Kongresszentren, aber auch die Organisationsstruktur von Messegesellschaften haben es den Kongresszentren ermöglicht, eine

Kongresszentren auf Messegeländen, die das Ausstellungsprogramm durch ein Fachprogramm inhaltlich aufwerten

dominante Stellung unter den Anbietern

dominante Stellung unter den Anbietern zu erreichen. In unserem heutigen vom Wandel aus der Industriegesellschaft zur Wissensgesellschaft geprägten Umfeld profitieren Messegesellschaften doppelt von den damals getätigten Investitionen. Nach wie vor wird dem Hauptanliegen, Fachmessen durch Tagungen und Kongresse sinnvoll zu ergänzen, Rechnung getragen.

Fokussierung der Dienstleistungsthemen auf den Kongress- und Tagungsbereich

Da es sich als schwierig erwiesen hat, nichtindustrielle Themen innerhalb von Messen abzubilden, wurde der Fokus hier auf den Kongress- und Tagungsbereich gelegt und den potenziellen Ausstellern die Möglichkeit gegeben, sich vor einem zielgruppenrelevanten Publikum zu präsentieren. So manche neue Messe hat sich so ihren Weg gebahnt, da die finanziellen Risiken gering gehalten werden konnten.

Kultur-, Sport- und Eventveranstalter

Obwohl diese Nutzer nicht direkt zum Marktsegment der Kongresse und Tagungen zu zählen sind, führen sie bei allen der genannten Anbietergruppen Veranstaltungen durch. Der prozentuale Anteil solcher Veranstaltungen ist eher steigend und bestimmt wesentlich die Auslastung von Veranstaltungszentren und Special Event Locations.

2.4 Organisatoren der Durchführung von Kongressen und Tagungen

Die Veranstalter benötigen logistische Unterstützung

Aufgrund immer komplexer werdenden Anforderungen an die Organisation und Durchführung von Kongressen und Tagungen benötigen die Veranstalter logistische Unterstützung. Aus der Not heraus hat sich eine Tugend entwickelt. So stehen den Veranstaltern eine Reihe von Unternehmen (von der Beratung bis zur Ausführung von Tagungen und Kongressen) unterstützend zur Seite. Die Einflussnahme dieser Unternehmen auf Entscheidungsprozesse des Veranstalters sollte nicht unterschätzt werden.

ENTSCHEIDEND FÜR DEN ERFOLG VON TAGUNGEN UND KONGRESSEN IST DAS ZUSAMMENSPIEL ALLER PARTNER DES ORGANISATIONSNETZWERKES BESTEHEND AUS NUTZER, ANBIETER UND ORGANISATION.

An dieser Stelle sollen die drei wichtigsten Partner, die sich für die Organisation und Durchführung von Tagungen und Kongressen verantwortlich zeigen, vorgestellt werden, wohl wissend, dass die Grenzen zwischen den einzelnen Partnern fließend sind und die Namen bei vielen Unternehmen nicht immer das halten, was sie versprechen.

Professional Congress Organizer (PCO)

PCOs sind die wichtigsten und professionellsten Partner für die Planer von Tagungen und Kongressen. Sie verfügen über die größte Erfahrung und haben sich als Unternehmen auf einzelne Marktsegmente spezialisiert.

die wichtigsten und professionellsten Partner für die Planer von Tagungen und Kongressen

PCOs zeigen sich in erster Linie für die Organisation und Durchführung von Tagungen und Kongressen von Verbänden, medizinischen Gesellschaften, messebegleitenden Veranstaltungen und zum Teil von Firmenveranstaltungen verantwortlich.

PCOs haben sich mit dem Ziel, die eigenen Leistungen transparent darzustellen, dabei Qualitätskriterien zu definieren und ihren Kunden einen Wegweiser für die Wahl des richtigen PCOs zu offerieren, in einer internationalen Organisation zusammengeschlossen (International Association of Professional Congress Organizers – IAPCO). Ein Blick auf die Homepage unter *www.iapco.org* kann auch für die Anbieter und Nutzer von Tagungs- und Kongressräumlichkeiten sehr hilfreich sein. Nützlich ist auch das »Dictionary of Meeting Industry Terminology« mit über 900 Begriffen für die Organisation von Tagungen und Kongressen in zwölf Sprachen, welches ebenfalls über die o.g. Homepage bestellt werden kann.

»Dictionary of Meeting Industry Terminology«

Destination Management Companies (DMC)

Obwohl viele der DMC in ihren Werbebroschüren das volle Leistungsspektrum eines PCO versprechen, geht die Kompetenz nicht über die Organisation von Teilleistungen, die in direktem Zusammenhang mit der Tagungs- und Kongressdestination stehen, hinaus.

Destination Management Companies sind in Kongressdestinationen häufig mit der Organisation des touristischen Marketings betraut, treten im Gegensatz zu den PCOs meist nur in ihren Heimatdestinationen in Erscheinung. DMCs verstehen Tagungen und Kongresse als Teil des Geschäftsreisetourismus. Insbesondere Verbände, Gesellschaften oder Firmen, die über langjährige Erfahrungen bei der Organisation und Durchführung ein und derselben Veranstaltung verfügen wollen, sind als Veranstalter bei DMCs meist an der richtigen Adresse. Hier kann deren Kompetenz vor Ort für die »touristischen« Teile des Rahmenprogramms durchaus von Vorteil sein.

örtliche Kompetenz für »touristische« Teile des Rahmenprogramms

Werbeagenturen, Eventagenturen

Full-Service-Marketingagenturen

Werbe- und Eventagenturen verstehen sich häufig als »Full-Service-Marketingagenturen«. Ihre Kunden waren und sind in erster Linie Unternehmen. Im Rahmen des Marketingmix hat sich die Unternehmenskommunikation nach innen und außen stark gewandelt. Davon hat der Tagungs- und Kongressmarkt stark profitiert. Bestes Beispiel sind die Jahreshauptversammlungen von AGs.

Eventagenturen bündeln die Leistungen zahlreicher Servicepartner im Hinblick auf die Kommunikationsziele der Firmen

Marketing- und Eventagenturen bedienen sich im Sinne eines Generalauftragnehmers zahlreicher Servicepartner und bündeln deren Leistungen auf der Grundlage der Kommunikationsziele der Firmen. Werbe- und Eventagenturen unterstützen neben Firmen (Hauptversammlungen, Motivationsveranstaltungen/Incentives und Produktpräsentationen) vor allem Sport-, Kultur- und Konzertveranstaltungen.

2.5 Kongressrelevante Dienstleister

Transportunternehmen

Transportunternehmen kommen bei der An- und Abreise und beim Transport der Teilnehmer am Tagungsort zum Einsatz. Die Wahl des Transportmittels ist bei der Anreise abhängig von der Entfernung zwischen Herkunftsland des Teilnehmers und dem Tagungsort.

Neben dem Flugzeug kommt dabei der Anreise mit der Bahn und mit dem Auto große Bedeutung zu. Laut einer Untersuchung des deutschen Tagungsmarktes durch das German Convention Bureau (GCB) legen rund zwei Drittel aller Teilnehmer zwischen Arbeitsplatz und Tagungsort maximal 200 km zurück. Dementsprechend ist der PKW das am häufigsten genutzte Verkehrsmittel.

Rund zwei Drittel aller Teilnehmer legen zwischen Arbeitsplatz und Tagungsort maximal 200 km zurück

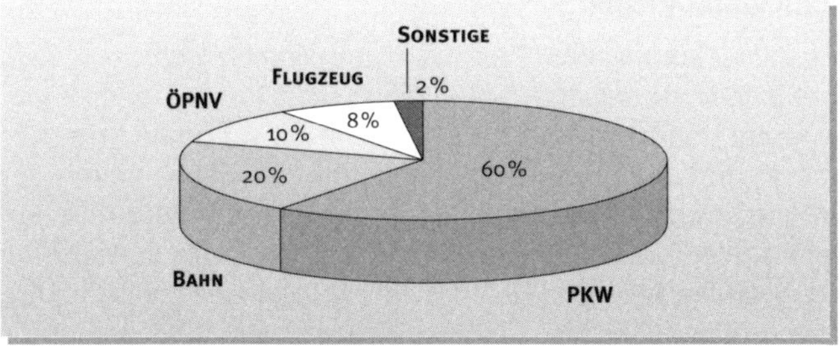

Abb. 2.1: Für die An- und Abreise zum Tagungsstandort genutzte Verkehrsmittel

Für 56 Prozent der in der Untersuchung befragten Teilnehmer waren gute Anreisemöglichkeiten mit Abstand am wichtigsten, noch vor dem Standort-Know-how (41 Prozent), dem Image (40 Prozent), der touristischen Attraktivität (32 Prozent) und den Kosten für die Tagung (20 Prozent).

Taxis und Busunternehmen übernehmen die Transfers zwischen Hotel zum Tagungsort bzw. zu den Orten des Rahmenprogramms. Viele Veranstalter bieten im Rahmen eines Kongresstickets eine kostenlose Nutzung des städtischen ÖPNV an.

Beherbergungsunternehmen

Ein angemessenes Beherbergungsangebot sollte bereitgestellt werden

Am Kongressstandort sollte ein Beherbergungsangebot vorhanden sein, das den quantitativen und qualitativen Ansprüchen der jeweiligen Veranstaltung entspricht. Nachgefragt werden vor allem Kapazitäten in der 3- und 4-Sterne Kategorie. Aber auch Hotels der Luxuskategorie sollten für Vorstände, Topreferenten oder VIPs angeboten werden.

Bei der Verteilung der Teilnehmer sollte darauf geachtet werden, dass nur eine möglichst geringe Anzahl von Hotels in Anspruch genommen wird. Dadurch können die logistischen Abläufe einer Tagung oder eines Kongresses erleichtert werden. Bei internationlen Tagungen und Kongressen sollten möglichst Hotelketten am Tagungsort vorhanden sein, da diese gewisse internationale Standards garantieren.

Die Übernachtungskosten machen den größten Anteil am Gesamtbugdet von Tagungs- und Kongressteilnehmern aus

Die Hotelübernachtung macht nach Angaben der Kongressmarktstudie des GCB mit ca. 40 bis 50 Prozent den größten Anteil am Gesamtbugdet von Tagungs- und Kongressteilnehmern aus.

Rahmenprogramm

Bei der Planung von Tagungen und Kongressen sowie der Teilnahmeentscheidung spielen auch emotionale Kriterien eine Rolle

Bei der Planung von Tagungen und Kongressen aber auch der Entscheidung der Teilnehmer, eine Tagung oder einen Kongress zu besuchen, spielen nicht nur rationale Kriterien, die in unmittelbarem Zusammenhang mit den Inhalten der Veranstaltungen stehen, sondern auch emotionale Kriterien eine Rolle. Das Image eines Veranstaltungsortes sowie seine touristische Attraktivität oder eine reizvolle Umgebung können Veranstalter wie Teilnehmer gleichermaßen beeinflussen.

feierliches Eröffnungs- oder Abendprogramm für die Teilnehmer

Das Rahmenprogramm umfasst im Wesentlichen drei Bausteine. Wichtigster Bestandteil ist das feierliche Eröffnungs- oder Abendprogramm für die Teilnehmer. Hier haben die Teilnehmer die Gelegenheit, sich persönlich kennen zu lernen und abseits vom Tagungsgeschehen wichtige Kontakte zu knüpfen. Dabei sind der Kreativität der Organisatoren keinerlei Grenzen gesetzt.

individuell buchbares Besichtigungs- und Ausflugsprogramm

Während der Veranstaltung findet meist ein individuell buchbares Besichtigungs- und Ausflugsprogramm statt. Dieses kann einerseits zum Ziel haben, Projekte, die in unmittelbarem inhaltlichen Zusammenhang mit der Tagung stehen und die regionale Kompetenz ausmachen, vorzustellen oder andererseits als klassisches kulturelles Ausflugsprogramm für die Begleitpersonen vorgeschlagen werden.

»Post-Convention-Tours« im Anschluss an die Tagung

Das Angenehme mit dem Nützlichen verbinden könnte das Motto für die »Post-Convention-Tours« im Anschluss an die Tagung oder den Kongress sein. Touristisch attraktive oder auch fachlich interessante Ziele, die nicht in unmittelbarer Nähe des Tagungsortes liegen, können so besucht werden.

Medien- und Veranstaltungstechnik

Professionelle Kooperationspartner ermöglichen es, alle Wünsche der Kunden zu realisieren

Die Anforderungen an die Medien- und Veranstaltungstechnik sind in den letzten fünf bis zehn Jahren stark gestiegen. Zwar haben alle Tagungs- und Kongressanbieter gerade in diesem Bereich große Anstrengungen unternommen und investieren Jahr für Jahr weiter, um auf dem aktuellen Technikstand zu sein, doch ist es nicht möglich, alles im Haus vorzuhalten. Professionelle Kooperationspartner ermöglichen es dennoch, alle Wünsche der Kunden realisieren zu helfen.

Gastronomie

Erfolg geht durch den Magen!

Erfolg geht durch den Magen! Der Qualität des gastronomischen Angebots kommt eine Schlüsselposition bei der Bewertung einer Tagung oder eines Kongresses durch die Teilnehmer zu.

Die meisten Anbieter haben einen Exklusivvertrag mit einem gastronomischen Unternehmen. Bei Kongresszentren, die zu Messegesellschaften gehören, ist die Gastronomie häufig eine Tochtergesellschaft. Mit dieser Anbindung gelingt es den Anbietern einen direkten Einfluss auf die Qualität der gastronomischen Dienstleistung zu nehmen.

Hostessenservice, Büroservice, Standbauservice

Abschließend seien der Vollständigkeit halber einige Bereiche erwähnt, die für den Tagungs- und Kongressmarkt, insbesondere bei größeren Veranstaltungen, zusätzliche Services erbringen: Hostessenservice, Büroservice, Standbauservice.

Die wichtigsten externen Dienstleister sind nach der GCB-Studie:

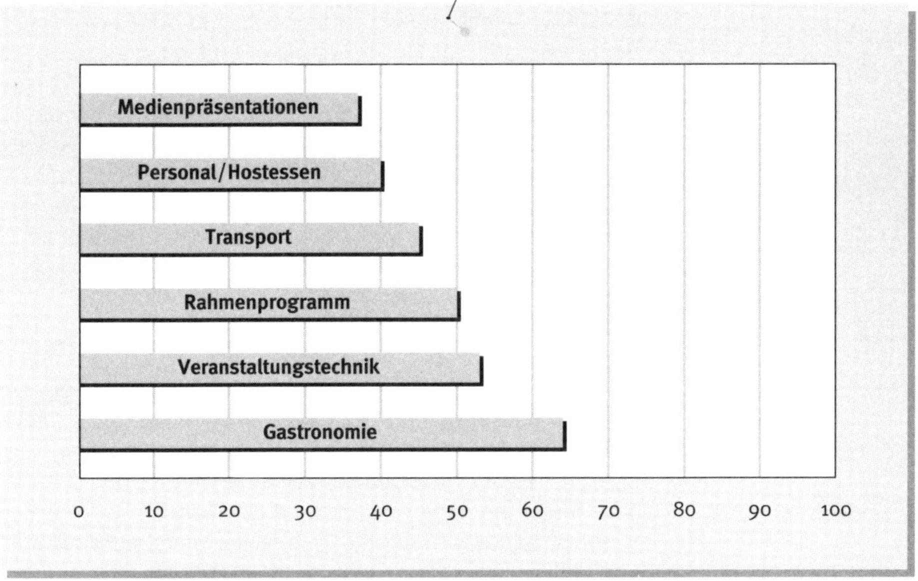

Abb. 2.2: Die wichtigsten externen Dienstleister (Angaben in Prozent; Mehrfachnennungen waren möglich)

Im Rahmen der Befragung zeigten sich die Teilnehmer mit dem Angebot sehr zufrieden. Über zwei Drittel beurteilen die erbrachten Dienstleistungen mit sehr gut bis gut. Lediglich das Rahmenprogramm wurde nur von ca. einem Drittel der Befragten als mindestens gut bewertet.

3 Ziele von Tagungen und Kongressen

Das übergreifende und vornehmste Ziel eines jeden Kongresses, einer jeden Tagung verdeutlicht bereits die Übersetzung des lateinischen »congressus«, die »Zusammenkunft« von Menschen.

Immer schon bestand die Notwendigkeit, dass sich Entscheider unterschiedlicher räumlicher Herkunft zu einem bestimmten Zeitpunkt (einmalig oder periodisch) an einem bestimmten Ort (fest oder wechselnd) zusammenfanden.

Von hochrangigen politischen Versammlungen historischer Tragweite ausgehend wie beispielsweise dem amerikanischen oder französischen Nationalkongress oder dem Wiener Kongress weitete sich der Begriff zunehmend aus. Heute versteht man unter Tagungen und Kongressen:

Zusammenkünfte von Entscheidungs- und Kenntnisträgern aus wirtschaftlichen, wissenschaftlichen, politischen oder anderen Organisationen und gesellschaftlichen Gruppen, um Informationsaustausch und Diskurs zu betreiben, gegenseitige Kontakte zu fördern oder Definitionen und Lösungswege für Probleme zu erarbeiten.

Austausch von Informationen und Meinungen

Kennzeichnend für Kongresse und Tagungen als komplexe Kommunikationsmedien ist, dass nicht nur jeweils eigene Produkte, Meinungen und Gedanken gestreut werden, sondern der eigene Standpunkt vor dem Hintergrund anderer oder neuer Ideen neu verortet werden kann.

Dabei repräsentieren die Teilnehmer stets mehr als ausschließlich sich selbst: Eine Institutsabteilung, ein Unternehmen und dessen Philosophie, eine Branche, eine Lehrmeinung, eine Akademie, eine ganze Nation. Dies gilt, wenn es sich nicht um reine Lehr- oder Informationsveranstaltungen handelt, in eingeschränktem Maße auch für Seminare.

Von diesem Kernbegriff ausgehend, lassen sich für Kongresse, Tagungen und Seminare folgende Haupt- und Nebenziele formulieren:

Hauptziele von Kongressen, Tagungen und Seminaren
- Informationen bündeln und verarbeiten,
- Botschaften begreiflich machen und verbreiten,
- Absatzquellen und Märkte erschließen,
- das Angebots- und Konkurrenzumfeld ausloten,
- Produkt- und Dienstleistungsqualität spürbar machen,
- Netzwerke bilden.

Nebenziele von Kongressen, Tagungen und Seminaren
- Affinität zu Produkten oder Unternehmen erreichen,
- Beeinflusseffekte erzielen,
- akquisitorischer Ansatzhelfer sein,
- multisensorische Ansprache unterstützen,
- Interaktion und wirkungsvolle Zweiwegekommunikation erlauben,
- Interdisziplinarität fördern,
- Audience Effect und Übereinstimmung erzielen,
- den Communicator Effect erzielen,
- Corporate Communication, -Behaviour, -Design, -Mission erlebbar machen,
- die Möglichkeit für Expertengutachten bieten,
- den Kontakt zu Meinungsbildnern ermöglichen,
- Plattform für Händlerempfehlungen sein,
- Pipelineeffekte erzielen,
- Positionen verstärken.

Kriterien für den Tagungserfolg

Das Ziel des Kongressmanagements ist – einfach und etwas tautologisch gesprochen –, dass der Kongress selbst seine Ziele erreicht. Doch lässt sich durchaus präzise bestimmen, was den Tagungserfolg ausmacht: Notwendig sind

1. Professionelles Marketing

Ausgehend von einer Analyse der Marktsituation und einer präzisen Zielbestimmung, werden die mutmaßlichen Erwar-

Professionelles Marketing erhöht die Teilnahmebereitschaft potenzieller aber unentschlossener Teilnehmer

tungen der Teilnehmer durch gezielte Akquisition und Werbung bestätigt und gefestigt.

Professionelles Marketing erhöht zudem die Teilnahmebereitschaft potenzieller aber unentschlossener Teilnehmer (siehe im Einzelnen auch Teil C, Kap. 4).

2. Perfekte Organisation

reibungsloser Veranstaltungsablauf

Voraussetzung für zufriedene Teilnehmer muss ein reibungsloser Veranstaltungsablauf sein, der vonseiten des Veranstalters für die Teilnehmer gewissermaßen unsichtbar in Szene zu setzen ist (siehe im Einzelnen auch Teil C, Kap. 2).

3. Angemessene didaktische Aufbereitung

angemessene und adressatengerechte Sozial- und Kommunikationsformen

Die Tagungsinhalte müssen den Erwartungen der Teilnehmer angemessen sein, darüber hinaus muss die Aufbereitung leisten, dass die Botschaften die Teilnehmer gezielt erreichen. Hier sprechen wir von angemessenen und adressatengerechten Sozial- und Kommunikationsformen (siehe im Einzelnen auch Teil B).

4 Begriffsbestimmung

In der Tagungswirtschaft herrscht eine ausgeprägte Bezeichnungskonkurrenz, die oft eher zu verwirren als sinnvoll zu differenzieren geeignet ist: Zwischen Ihren Teilnahmen an Meetings, Tagungen, Symposien und Weiterbildungen erhalten Sie Einladungen zu Foren, Workshops, Gesprächskreisen, Seminaren, Konferenzen und den verschiedensten Sessions.

Kriterien für die Bestimmung von Veranstaltungsformen

Um der wuchernden Umschreibungslust des Tagungsbegriffes Herr zu werden, bietet sich die Kategorisierung oder Typisierung der Zusammenkünfte nach

- Teilnehmerzahl
- zeitlicher Dauer
- Veranstaltungscharakter
- Veranstaltungskomplexität

und, wichtig für das Kongressmanagement,

- Vorbereitungszeit und Organisationsaufwand an.

Demnach sind Tagungen und Kongresse zwischen den kleineren, monothematischen Veranstaltungsformen wie Seminar, Workshop, Konferenz und den Großveranstaltungen wie beispielsweise Partei-, Städte- und Kirchentagen einzuordnen.

Seminare und Workshops

Seminare und Workshops haben etwa bis maximal 50 Teilnehmer. Während Veranstaltungen zur reinen Informations- oder Wissensvermittlung in der Regel wenig aufwändig sind, kann dagegen beispielsweise eine Expertenrunde mit hochkarätigen Referenten und Moderatoren durchaus auch einen höheren organisatorischen Aufwand und einen längeren zeitlichen Vorlauf erforderlich machen.

Tagung

Die Bezeichnung Tagung hat sich für Veranstaltungen mit typischerweise etwa 50 bis 250 Teilnehmern etabliert, die aus wenigen Modulen bestehen und eine Vorbereitungszeit von etwa einem Jahr beanspruchen.

Kongress

Der typische Kongress hingegen besteht aus einem komplexeren Gefüge von Veranstaltungsteilen und erfordert bei einer Teilnehmerzahl etwa zwischen 250 und 1000 Menschen eine längere Planung und Vorbereitung wie auch eine aufwändigere Durchführung.

Weitere Begriffsbestimmungen zu den verschiedenen Veranstaltungsformen finden sich im Glossar in Teil D.

Teil B Veranstaltungsdidaktik

1 Versuch einer Annäherung und pragmatische Anwendung

verschiedene Zugänge zu Seminaren, Tagungen und Kongressen …

Mag es für »alte Hasen« in der Veranstaltungsorganisation auf den ersten Blick ein wenig fremd erscheinen, dass hier ein Begriff eingeführt wird, der originär nur in der Pädagogik gebraucht wird, so kann man doch heute schon hier und da beobachten, dass dieser oder ähnliche Begriffe benutzt werden, um Prozesse bei der Veranstaltungsorganisation von der Ideenfindung über die Zielbeschreibung, die Themenfindung und die zielgruppengerechte Aufbereitung von Themen, die richtige Zuordnung der Medien bis hin zur Evaluierung zu beschreiben. Diese Begrifflichkeiten werden eher von solchen Veranstaltungsorganisatoren gebraucht, die Tagungen und Kongresse wie auch Seminare in erster Linie als solche Veranstaltungen sehen, bei denen Wissen vermittelt, bei denen gelernt wird.

… pädagogische Sicht: Veranstaltung zur Wissensvermittlung

Gleichzeitig trifft man in der Veranstaltungswirtschaft aber auch auf Begriffe, die aus der Sprache der Marketingfachleute stammen oder besser noch, die von Menschen aus der Werbewirtschaft verwendet werden. So spricht man von »Veranstaltungsdesign«, will die Menschen »zielgruppengerecht ansprechen« und nutzt »wirkungsvolle Medien«, bereitet Inhalte textlich so auf, dass »die Botschaften rüberkommen«, »visualisiert Botschaften« etc. Dieses Sprachreservoir wird somit von denen gebraucht, die Tagungen, Kongresse und Seminare eher als »Marketing-Events« verstehen, die dann auch folgerichtig in der Vorbereitung und Durchführung meist an Marketing- oder Werbeagenturen vergeben werden.

… Marketingsicht: Veranstaltung als Event

Andere benutzen Begriffe aus der Betriebswirtschaftslehre und sehen Veranstaltungen eher aus der Sicht der Organisation und des Organisators. Hier werden dann Begrifflichkeiten wie »Zielsetzung«, Methoden des »Projektmanagements«, »Problemlösung« o.Ä. gebraucht.

… betriebswirtschaftliche Sicht: Veranstaltung als zu organisierendes Projekt

Andere wiederum haben sich die Begrifflichkeiten aus der Theaterwelt entliehen und versuchen eine »Veranstaltungsdramaturgie« zu entwickeln und/oder einen »Spannungsbogen« zu ziehen. Sie sprechen dann auch vom »Auftritt«, richten Theaterbestuhlung ein, schaffen »Theateratmosphäre«, nutzen eine »Bühne« und schaffen mit der Beleuchtung unterschiedliche Stimmungen für unterschiedliche Szenarien etc.

Diese unterschiedlichen Annäherungen an Veranstaltungen wie Tagung, Kongress und Seminar entsprechen der Wirklichkeit der Tagungs- und Kongresswirtschaft, in der sich im Rahmen der Umsetzung von Veranstaltungen je nach Herkunft, Einstellung und Vorstellung der Handelnden die beschriebenen Einflüsse bemerkbar machen.

unterschiedliche Wurzeln und Annäherungen

So könnte man sogar noch einen weiteren Bogen spannen von den Szenarien der alten griechischen Philosophen und Lehrer mit ihren besonderen Formen des Lehrens in Foren und Symposien mit Diskussionen und Dialogen, über die Formen des Lehrens in Schulen mit den ausgefeilten und umfangreich entwickelten pädagogischen theoretischen Ansätzen, über Universitäten mit Seminarräumen und Hörsälen, wo in Vorlesungen, Seminaren und Übungen Wissen vermittelt wird, über unter organisatorischem Aspekt perfekt vorbereitete Tagungen, Konferenzen und Kongresse, bis hin zu jetzt eher modernistisch sehr stark inszenierten und die Gefühle der Teilnehmer besonders ansprechenden »Events« im mehr emphatischen Sinne, so wie der Begriff im deutschsprachigen Raum benutzt wird.

Synergieeffekte zwischen den Ansätzen nutzen

Sicher sind alle Ansätze »praktisch« und meist auch sinnvoll. Es wäre nun aber geradezu sträflich, wollte man eine dieser Annäherungen als die einzig wahre und gültige darstellen. Es sind gerade die in der empirischen Praxis vielfältigen Annäherungen, die es uns heute ermöglichen, durch Herstellung von Synergieeffekten angemessene und neue Ansätze zu nutzen.

Ein offener theoretischer Ansatz bietet größtmöglichen Nutzen für die Veranstaltungspraxis

Dennoch sollte der so entstandene Dschungel von Begriffen vor allem dahingehend durchforstet werden, was im Kern bei allen Tagungsveranstaltungen das Gleiche ist und immer nur anders bezeichnet wird. Gleichzeitig kann so auch der Ansatz, der dem Veranstaltungsbereich für Tagung, Kongress und Seminar von der historischen Entwicklung am nächsten steht und der für diese Zwecke am weitesten und gründlichsten erforscht ist und so in der täglichen Praxis der Veranstaltungsorganisation den größtmöglichen Nutzen bietet, als gewissermaßen »offener theoretischer Ansatz« in der Veranstaltungspraxis kultiviert werden.

Wissens- und Informationsvermittlung als gemeinsamer Nenner von Tagungsveranstaltungen

Sicherlich lässt sich vor dem Hintergrund des in der Einleitung beschriebenen Wandels von der Industriegesellschaft zur wissensbasierten Dienstleistungsgesellschaft feststellen, dass, unabhängig davon, wie sie jeweils umgesetzt werden, das Gemeinsame von Tagungen, Kongressen und Seminaren darin besteht, Wissen und Informationen zu vermitteln. Tagungsveranstaltungen sind gewissermaßen die »Umschlagplätze« unserer Zeit für aktuelles und neues Wissen. Hier werden Informationen dergestalt aufbereitet und in einem geeigneten Umfeld arrangiert, dass in einer intendierten Zielgruppe Einstellungen und Überzeugungen geschaffen oder verändert werden oder je individuelles Wissen erzeugt wird, das Handlungen motivieren oder anleiten kann.

Um dies zu planen und umzusetzen, bietet sich der pädagogische Ansatz der Didaktik geradezu an.

Da die Adressaten für Tagungen, Kongresse und Seminare überwiegend oder fast durchweg Erwachsene sind, kann dies noch auf den spezifischen Ansatz der Erwachsenenpädagogik fokussiert werden, die, aufbauend auf der traditionellen Schuldidaktik, gerade in den letzten Jahrzehnten in erheblichem Umfang weiterentwickelt wurde.

stark handlungsorientierte Erwachsenenpädagogik

Dass die Erwachsenenpädagogik von Beginn an sehr stark handlungsorientiert war, kommt uns hier zugute, da wir nicht so sehr an Fragen der Erkenntnis interessiert sind, sondern vielmehr die zielgerichtete praktische Umsetzung in Vorbereitung, Durchführung und Nachbereitung – also letztlich Didaktisches Handeln – im Auge haben.

Wir legen also den didaktischen Ansatz zugrunde, nutzen dessen Möglichkeiten und ergänzen ihn pragmatisch überall dort durch andere Ansätze (beispielsweise aus Marketing oder Betriebswirtschaft), wenn wir im Rahmen der Didaktik an Grenzen stoßen. (Dieses wäre dann gleichzeitig ein Anstoß und Beitrag zur wissenschaftlichen Durchdringung der Veranstaltungswirtschaft insgesamt.)

2 Didaktik und didaktisches Handeln

Der Begriff der Didaktik ist der Schlüsselbegriff sowohl in der Schulpädagogik als auch in der Erwachsenenbildung. Didaktik hat eine lange Tradition und ist vielfältig und tiefgehend erforscht. Dennoch ist er bis heute schillernd und unscharf. Gerade dies aber bietet die Möglichkeit, auch weitere Anwendungsbereiche wie z.B. die Veranstaltungswirtschaft operational zu integrieren.

Didaktik stammt aus dem Griechischen (didaskein). Das heißt wörtlich übersetzt »lehren«. Nun ist aber das Verständnis, dass damit nur der Lehrer mit seinen Schülern in einem Klassenraum gemeint ist, viel zu eng.

Didaktisches Handeln begegnet uns in vielfältigster Weise

Didaktisches Handeln begegnet uns vielmehr in vielfältigster Weise. Beispielsweise wenn

- der Vater seinem wissbegierigen Sohn eine Warum-Frage beantwortet,
- der Arzt dem Patienten verständlich und nachvollziehbar eine Diagnose erläutert,
- eine Gebrauchsanweisung so aufbereitet wird, dass der Käufer ein komplexes Gerät auch tatsächlich sachgerecht benutzen kann usw.

In solchen Fällen wird etwas (»Was«) MITGETEILT oder ERKLÄRT, und meist soll damit auch noch bewirkt werden, dass jemand von etwas ÜBERZEUGT und zum entsprechenden HANDELN motiviert und befähigt wird.

Inhalte in einer didaktisch angemessenen Form vermitteln

Dies geschieht in einer ANGEMESSENEN FORM, das heißt, auf eine Art und Weise (»Wie«), bei der die Wahrscheinlichkeit groß ist, dass das intendierte Ziel (hören, verstehen, überzeugt sein, handeln wollen ...) auch erreicht wird. Dabei sind Inhalt (Was) und Form (Wie) direkt aufeinander bezogen. Der Weg (Methode) ist mit dem Ziel und dem Inhalt eng verbunden.

»Didaktik ist prinzipiell die Vermittlung zwischen Sachlogik des Inhalts und der Psychologik des/der Lernenden. Zur Sachlogik gehört eine Kenntnis der Strukturen und Zusammenhänge der Thematik. Zur Psychologik die Berücksichtigung der Lern- und Motivationsstrukturen der AdressatInnen.« (Siebert 1996)

Sollen also ein Seminar, eine Tagung oder ein Kongress didaktisch bearbeitet oder besser nach didaktischen Gesichtspunkten gestaltet werden, dann heißt das in der ersten groben Annäherung:

In einer solchen Veranstaltung soll

- mit den Adressaten und dem Inhalt angemessenen Methoden und dazugehörigen Hilfsmitteln (Wie),

- mit entsprechenden Themen/Erklärungen (Was),
- bei den Teilnehmern bewirkt werden, dass sie in diesem inhaltlichen Zusammenhang informiert/überzeugt und/ oder handlungsfähig/handlungswillig sind (Ziel).

Damit ist der Rahmen gegeben, in dem sich alle weiteren und detaillierten didaktischen Handlungen bei der Vorbereitung, Durchführung und Nachbereitung einer Veranstaltung bewegen.

»Didaktisches Handeln bezieht sich vor allem auf die Vorbereitung von (...) Veranstaltungen, also auf Planungen und Entscheidungen vor (...) Beginn.« (Siebert 1996)

Diese Aufgabe fällt also genau in die Projektphase, in der ein Veranstaltungsorganisator, -manager, PCO – oder wer immer auch mit der Organisation beauftragt ist – seine Hauptarbeit verrichtet und sie ist deren integraler Bestandteil.

Nun kann darüber gestritten werden, wer diese Aufgabe wahrnimmt bzw. woher die entsprechende Kompetenz kommt.

Die jeweilige didaktische Kompetenz hängt von Art und Zusammensetzung des Organisationsteams ab

Sicher ist das von der jeweiligen Zusammensetzung des Organisationsteams abhängig. Eines aber ist sicher, entsprechende didaktische Handlungen finden auf jeden Fall in der organisatorischen Vorbereitung statt und entsprechende Entscheidungen werden gefällt, ob man sich dessen bewusst ist oder nicht. Professionelles Veranstaltungsmanagement wäre es jedoch nur, wenn das didaktische Handwerkzeug bewusst und zielgerichtet angewendet wird und alle sonstigen organisatorischen Maßnahmen und Entscheidungen in diesem Bezug gesehen werden.

3 Von der Idee über die Aufbereitung zum Ziel

Im Folgenden sollen einige wesentliche Eckpunkte der didaktischen Aufbereitung bei der Organisation von Seminaren, Tagungen, und Kongressen eingeführt und diskutiert werden. Dabei wird der Prozess im Mittelpunkt stehen, wie

- bei einer intendierten ZIELGRUPPE/ADRESSATEN,
- die angemessenen METHODEN und TECHNIKEN,
- die INHALTE und THEMEN,
- in einem günstigen äußeren UMFELD,

- so arrangiert werden können,
  - dass die gewünschte Zielsetzung des Veranstalters
  - sich in der Zufriedenheit der Teilnehmer widerspiegelt.

Es wurde hier bewusst der Begriff »arrangiert« gewählt, weil es tatsächlich darauf ankommt, die einzelnen Handlungsbereiche so aufeinander zu beziehen und abzustimmen, dass das Ergebnis ein Gesamtarrangement darstellt, das als Ganzes mehr ist als die Summe seiner Teile. Außerdem ist auch in der Berufspädagogik der Begriff des »Lernarrangements« geläufig und hat sich als handlungsorientiert bewährt.

Das Ergebnis sollte ein Gesamtarrangement darstellen, das als Ganzes mehr ist als die Summe seiner Teile

3.1 Idee und Ideenfindung

Jede Veranstaltung hat ihren Ursprung in einer Idee, die umgesetzt die Bedürfnisse von Menschen oder Menschengruppen befriedigt. Da in unserer wissensbasierten und stark erlebnisorientierten Gesellschaft zwar die Zahl der Veranstaltungen erheblich zugenommen hat, gleichzeitig aber Veranstaltungen zu einem »Wirtschaftsgut« im Sinne von Produkt geworden sind und damit dem Wettbewerb unterliegen, sind Veranstalter und Organisatoren auch immer darauf aus neue Veranstaltungen zu kreieren, zu entwickeln und auf dem Markt anzubieten.

Veranstaltungen befriedigen Bedürfnisse

Veranstaltungen sind zu einem Wirtschaftsgut geworden

Wir wissen aus der Wirtschaft, dass Produkte nur dann zu vermarkten sind, wenn dafür ein aktuelles Interesse bei einer ausreichend großen und/oder zahlungskräftigen Zielgruppe vorliegt oder mit intensiven Marketingmaßnahmen zu schaffen ist.

Somit gibt es im Wesentlichen zwei Annäherungsmöglichkeiten, tatsächliche oder latente Bedarfe und Bedürfnisse aufzuspüren:

Wege, tatsächliche oder latente Bedarfe und Bedürfnisse aufzuspüren

- Eine systematische Bedarfsanalyse bei potenziellen Zielgruppen, um daraufhin die entsprechenden Produkte (Veranstaltungen) zu entwickeln oder
- neu entwickelte Ideen für Veranstaltungen, für die dann in einem iterativen Prozess eine passende Zielgruppe gesucht, neu zusammengestellt oder gar geschaffen wird.

Dabei sind neue technische Entwicklungen gesellschaftliche Trends, Moden, erkannte oder latente gesellschaftliche Defizite oder Ähnliches die Wegweiser.

Das Informationsangebot exakt auf die Bedürfnisse der Zielgruppe hin abstimmen

Der didaktische Aspekt liegt hier darin, das durch eine Veranstaltung potenziell gegebene Informationsangebot systematisch auf die vorhandenen oder zu schaffenden Ziel- oder Adressatengruppen hin abzustimmen.

Darüber hinaus weist schon der Begriff Ideenfindung genau wie der Begriff der Bedarfsanalyse auf einschlägige Methoden und Techniken hin, deren sich der Profi in dieser Phase bedient:

- Analysetechniken, die in der Sozialwissenschaft entwickelt (Umfragen, Interviews, Sekundäranalysen von Geschriebenem etc.) und seit langem als Adressatenanalysen, Bildungsbedarfsanalysen etc. Einzug in die Pädagogik gehalten haben,
- Kreativitätstechniken, die ihre breite Anwendung wohl im Marketing und vor allem der Werbewirtschaft haben, aber eben auch, wenn auch immer noch mit der Aura des »Künstlerischen« umgeben, als didaktisches Werkzeug z.B. für neue Themen, »emotionale Ansprachen« etc. genutzt werden.

Neue Veranstaltungsideen und deren Entwicklung werden in dem Maße für die Marktbeteiligten immer wichtiger oder gar existenziell, wie die gegenwärtigen gesellschaftlichen Trends nach immer mehr »Neuem«, »Anderem«, »Individuellerem«, »besonderen Erlebnissen« etc. anhält oder gar noch zunimmt.

Ideen werden zu einem Veranstaltungsdesign verdichtet

Aus methodisch gefundenen Analyseergebnissen oder systematisch entwickelten Ideen, die dann in der Projektphase der »Grundsatzplanung« zu einem Veranstaltungsdesign verdichtet werden, entstehen Veranstaltungen gewissermaßen als Produkte.

Alle weiteren Organisationsmaßnahmen richten sich danach an dieser Idee und der daraus abgeleiteten Zielsetzung aus.

3.2 Die Zieldefinition

Was will der Veranstalter mit der Veranstaltung bei der Adressatengruppe erreichen?

Eine der grundlegendsten und damit wichtigsten didaktischen Handlungen bei der Vorbereitung einer Tagungs-, Kongress- oder Seminarveranstaltung ist die Festlegung und genaue Beschreibung dessen, was der Veranstalter mit der Veranstaltung bei der Adressatengruppe erreichen will.

»Wer nicht weiß, wohin er will, muss sich nicht wundern, wenn er ganz woanders ankommt« ist ein zwar inhaltlich nicht ganz schlüssiger, in seiner Botschaft aber durchaus eindeutiger Lehrsatz des Amerikaners Robert Mager, der die Didaktik der Gegenwart ganz wesentlich beeinflusst hat.

»Wer nicht weiß, wohin er will, muss sich nicht wundern, wenn er ganz woanders ankommt«

Er gilt für alle, die didaktische Handlungen vornehmen, aber auch genauso für solche, die allgemein Projekte planen und durchführen. Da bei der Veranstaltungsorganisation beide Handlungsbereiche zusammenfallen, hat er hier eine potenzierte Bedeutung.

Die genaue Zielbeschreibung ist für alle nachfolgenden didaktischen und organisatorischen Handlungen bestimmend. Oder anders ausgedrückt: Das genau beschriebene Ziel »vor Augen« hilft oder zwingt geradezu, alles weitere Handeln danach auszurichten.

Ziele sollten daher möglichst exakt formuliert sein. Erreichen kann man exakte Zielformulierungen, indem man möglichst konkret einen angestrebten Zustand, ein Verhalten oder eine Verhaltensänderung beschreibt.

Ziele sollten möglichst exakt formuliert sein und einen angestrebten Zustand, ein Verhalten oder eine Verhaltensänderung beschreiben

Im Zusammenhang beispielsweise mit einem Kongress zu regenerativen Energien, der sich an Architekten und Entscheidungsträger in der Bauwirtschaft richtet, wäre eine Zielformulierung wie *»Die Teilnehmer sollen den Möglichkeiten der Solarenergie aufgeschlossen gegenüberstehen«* zu allgemein gehalten. Aus diesem Ziel lässt sich kein wirkungsvolles Veranstaltungsdesign ableiten. Eine bessere Zielformulierung wäre:

Die Teilnehmer sollen

- die Wirtschaftlichkeit von Solaranlagen darstellen können,
- Informationsquellen zu Fördermöglichkeiten an die Hand bekommen,
- die wichtigsten Anbieter von Solaranlagen nennen können,
- Bauherren und Bauträgern Solaranlagen empfehlen und in Baumaßnahmen einplanen.

Solche Zielformulierungen bieten überdies den Vorteil, dass die Zielerreichung und damit der Erfolg der Veranstaltung in gewissem Maße überprüfbar wird.

Werden mehrere Oberziele gebildet und in eine Hierarchie gebracht und daraus detailliertere Unterziele abgeleitet, ist die Struktur der Veranstaltung schon vorgegeben.

Die Zielhierarchie gibt die Struktur der Veranstaltung vor

Die genaue Zielbeschreibung hilft

im Verlaufe der didaktischen Aufbereitung einer Veranstaltung

- nur solche Themen und Inhalte auszuwählen, die dem Interesse der Zielgruppen entsprechen,
- Methoden und Medien vorzusehen, die Inhalte und Themen wirkungsvoll umsetzen können,
- Tagungsstandorte und Räumlichkeiten zu finden oder zu schaffen, die den Zielen angemessen sind und deren Ambiente und Ausstattung geeignet ist, die »Botschaft« eindringlich zu vermitteln,
- Referenten und Dozenten auszuwählen, die durch ihre Person und/oder ihre Fachkompetenz die Teilnehmer für die Tagungsziele einnehmen können,
- durch die Entwicklung einer Zielhierarchie die Struktur der Veranstaltung ableiten und beschreiben zu können,
- im Rahmen der Schaffung eines Arrangements die Bedürfnisse der Zielgruppen nicht aus dem Auge zu verlieren.

und im Prozess des Organisierens

- Marketing und Werbung zielgruppengerecht einzusetzen,
- das Motto der Veranstaltung exakt »auf den Punkt« zu bringen,
- das Erscheinungsbild, die Repräsentanz angemessen zu entwickeln,
- Rahmenbedingungen wie Hotelbelegung, An- und Abreise, Teilnehmerverwaltung etc. möglichst reibungslos zu gestalten,
- ein Rahmenprogramm zu entwickeln, das die Tagungsziele wirkungsvoll und nachhaltig unterstützt,
- bürokratische Barrieren möglichst zu vermeiden,
- im Rahmen der Besetzung und Zusammensetzung der Gremien sachangemessen vorzugehen,

- die Tätigkeiten der einzelnen Mitglieder des Organisationsteams zielgerecht auszurichten,
- die Abstimmung zwischen Veranstalter und Organisator sicher zu machen und objektive Kriterien für die Erfolgskontrolle zu gewinnen,
- etc.

4 Die Zielgruppe und die Adressaten

Im Rahmen der gegenwärtigen Organisationspraxis wird die Zielgruppe wesentlich unter Gesichtspunkten des Marketings gesehen. Hier stehen Fragen der Erreichbarkeit, der aktivierenden Ansprache und der Motivation für die Teilnahme im Mittelpunkt. Das ist richtig und wichtig. Wichtig ist es aber auch, die didaktischen Aspekte der Zielgruppe zu beachten.

Zielgruppe und Adressaten sind zunächst einmal ein Konstrukt des Veranstalters

Dabei ist zu beachten, dass Zielgruppe und Adressaten zunächst einmal ein Konstrukt des Veranstalters sind und so in der Wirklichkeit nicht vorkommen. Wir machen am Anfang gewissermaßen »die Rechnung ohne den Wirt«, behandeln die Teilnehmer wie wir sie sehen und »ver-sehen« sie mit Merkmalen, die in dieser beschriebenen Form auf keinen der tatsächlichen Teilnehmer hundertprozentig zutreffen. Ganz abgesehen davon bleibt uns der einzelne Teilnehmer ohnehin unbekannt – vor allem unter dem Gesichtspunkt seiner aktuellen Befindlichkeiten am Veranstaltungstag, denn diese sind selbst für den Betreffenden nicht voraussehbar.

Somit ist die möglichst detaillierte und genaue Beschreibung und Analyse der Adressaten nach didaktisch und organisatorisch relevanten Merkmalen (Kriterien) immer nur eine Annäherung an die Wirklichkeit der Teilnehmer, nie jedoch die Wirklichkeit selbst.

Dies im Hinterkopf sind wir uns der begrenzten Relevanz der Zielgruppenanalyse und -beschreibung bewusst.

Diese Problematik wird ein wenig dadurch gemildert, dass unsere didaktischen Maßnahmen grundsätzlich voraussetzen können, dass die Teilnehmer bei Besuch eines Seminars, mehr noch bei einer Tagung und ganz besonders bei einem

Kongress individuelle Beratungswünsche gegenüber einer gemeinsamen, der im Programm ausgeschriebenen Thematik zurückstellen.

Dennoch ist diese Analyse unverzichtbar für die weitere didaktische und organisatorische Planung und Vorbereitung. Für die weitere Arbeit müssen wir in Bezug auf die Zielgruppe mindestens deren demographische Faktoren kennen:

demographische Faktoren

- Wie groß ist die Adressatengruppe?
- Wie ist das Durchschnittsalter?
- Wie ist die geschlechtliche Zusammensetzung?
- Wie ist die religiöse Zusammensetzung?
- Wie ist die Einkommensstruktur?
- Aus welchen Regionen oder Ländern kommen die potenziellen Teilnehmer?

Erkenntnisinteresse und die Motivation der potenziellen Teilnehmer

Insbesondere für die didaktische Planung sollte man im Vorfeld versuchen, möglichst viel über das Erkenntnisinteresse und die Motivation der potenziellenTeilnehmer zu erfahren.

- Welchen Bildungsstatus haben die Teilnehmer?
- Welches Vorwissen zur Thematik ist anzunehmen?
- Werden die Tagungsinhalte professionell, beruflich oder privat genutzt oder umgesetzt?
- Sind die Inhalte für die Zielgruppe unverzichtbar oder lediglich von Interesse?
- Erfolgt die Teilnahme als Angehöriger/Repräsentant eines Unternehmens/einer Organisation oder privat?
- Sind die Teilnehmer Entscheider oder Ausführende?
- Welche Lerngewohnheiten und welches Mediennutzungsverhalten haben die Teilnehmer?
- Welche Lebensstile und Konsumformen sind anzunehmen?

Von den hier ermittelten Merkmalen leiten wir später sowohl im Prozess des Organisierens als auch bei der didaktischen Aufbereitung des Programms, der Raumplanung, der Medienauswahl usw. unsere Maßnahmen ab.

Wie gelangt man nun an die entsprechenden Informationen? Eine Befragung von potenziellen Teilnehmern hinsichtlich ihrer Wünsche an eine geplante Veranstaltung wäre nahe liegend. In der Regel ist eine solche Vorgehensweise allerdings nicht sehr aufschlussreich, da man zwar abgefragte

Wünsche der Zielgruppe passgenau befriedigen könnte, sich aber der Möglichkeit begibt, die Teilnehmer positiv zu überraschen und damit das latente Bedürfnis nach »Neuem«, »Anderem« und »Besonderen« kaum erfüllen kann. Davon, dass dies gelingt, hängt aber in nicht geringem Maße der Erfolg einer Tagungsveranstaltung ab.

Teilnehmerbefragungen sind nur bedingt tauglich

Sind bei eingeführten Veranstaltungen immer schon Teilnehmerdaten und Informationen vorhanden, auf denen man aufsetzen kann, gestaltet sich dagegen die Informationsbeschaffung bei neu auszurichtenden Veranstaltungen, für die unter Umständen erst noch ein Bedarf geweckt und eine Zielgruppe geschaffen werden muss, besonders schwierig. Hier in Eigenregie Studien durchzuführen ist sehr teuer und aufwändig. Sinnvoller ist es daher, Studien und Erhebungen von Marktforschungsinstituten, Verbänden und entsprechenden Organisationen, die sich mit den ins Auge gefassten Zielgruppen befassen, für eigene Zwecke auszuwerten.

Studien und Erhebungen von Marktforschungsinstituten und Verbänden für eigene Zwecke auswerten

5 Inhalt und Themen

In der Vergangenheit sind Veranstalter von Tagungen und Kongressen bei der Planung nahezu ausschließlich von Themen ausgegangen, die ihren Bezug zur Veranstaltung und den Adressaten nicht neu begründen mussten. Mit dem Einzug der Didaktik sind diese Selbstverständlichkeiten zumindest ins Wanken geraten. So hat die Erwachsenenpädagogik sehr früh schon erkannt, dass gerade in dem Spielraum zwischen der Zielsetzung, den sie befördernden Inhalten und den Gewohnheiten und Erwartungen der Adressatengruppe erhebliche kreative Gestaltungsmöglichkeiten liegen. Dies gilt insbesondere auch dann, wenn affektive Zielsetzungen eine zentralere Rolle spielen.

Spielraum zwischen der Zielsetzung, den sie befördernden Inhalten und den Gewohnheiten und Erwartungen der Adressatengruppe kreativ nutzen

So kennen wir z. B. aus dem Bereich der Gruppendynamik Beispiele, wo das Thema »Teamverhalten« dergestalt umgesetzt wird, dass die Gruppe mit vorgebenen Materialien einen möglichst hohen Turm errichten muss. Durch diese ungewohnte Aufgabe treten gerade bei im Arbeitsalltag eingespielten Teams gruppendynamische Pozesse deutlicher zutage, als dies im Rahmen der gewohnten Tätigkeit – etwa Gruppendiskussionen – möglich wäre.

So wird ganz bewusst die tägliche Berufspraxis einer Zielgruppe NICHT als thematisches Anwendungsbeispiel genommen, um beispielsweise eine Zielsetzung, die darin besteht, ein Funktionsprinzip zu erkennen, es zu abstrahieren und auf andere (einschließlich der eigenen) Anwendungsgebiete zu übertragen, nicht durch Gewohnheit, Fachzentriertheit, und emotionale Bindungen zu verstellen.

Wenn für eine intendierte Adressatengruppe bei einer Veranstaltung etwa das Ziel darin besteht, sie für den Umweltschutz zu sensibilisieren und für eine erste spontane Aktion zu motivieren, ist es weniger maßgebend, an welcher wissenschaftlichen Teildisziplin (Wasserwirtschaft, Energie, Luftverschmutzung, Abfallentsorgung etc.) dies festgemacht wird. Wichtiger ist die Frage, durch welches Thema oder welche Inhalte dieses Ziel sachlich und vor allem emotional am effektivsten vermittelt werden kann. Wenn nicht nur »Verstehen« sondern darüber hinaus noch »Handlungsbereitschaft« und »Handlungswillen« im Sinne von positiver Motivation das Ziel ist, dann sind ohne Frage »an die Gefühle gehende« Inhalte eher geeignet, diese Zielsetzung zu erreichen als langwierige und schwer nachvollziehbare wissenschaftliche Detailinformationen. Statt statistische Auswertungen, Tabellen und Grenzwertdiskussionen zu präsentieren, kann es also sinnvoller sein, beispielsweise als Referenten jemanden einzuladen, der selbst schon einmal an der Reinigung eines mit Rohöl verseuchten Strandes teilgenommen hat und darüber einen Erfahrungsbericht liefert.

Durch welches Thema oder welche Inhalte kann ein Ziel sachlich und emotional am effektivsten vermittelt werden?

In dem Maße, wie die Zielsetzung klar definiert ist, werden wir im Rahmen der didaktischen Aufbereitung innerhalb des Spektrums möglicher Themen und Anknüpfungspunkte frei die angemessenen Inhalte wählen. Bei eher emotionalen Veranstaltungszielen spielt die richtige Auswahl der Inhalte eine noch entscheidendere Rolle.

Damit wird die ohnehin schon unscharfe Trennung von Inhalt (»Was«) und Methode (»Wie«) noch weiter verwischt oder besser: Die Auswahl des richtigen Inhaltes wird tendenziell auch Methodik oder rückt zumindest sehr in die Nähe.

Die Auswahl des richtigen Inhaltes wird tendenziell auch Methodik oder rückt zumindest sehr in die Nähe.

Im Rahmen der Veranstaltungsvorbereitung ist – und das soll deutlich hervorgehoben werden – meist eine Diskussion mit dem Veranstalter, vor allem, wenn er persönlich in dem Fachgebiet tief verhaftet ist, sehr schwierig. Schließlich wissen Fachleute ganz genau, welches Thema zu behandeln ist. Letztlich ist ihr inhaltliches Engagement ja der Grund dafür, warum sie eine Tagungsveranstaltung ausrichten.

Veranstalter sind in der Regel intrinsisch, d.h. sachlich und inhaltlich motiviert

Veranstalter sind in der Regel intrinsisch, d.h. sachlich und inhaltlich motiviert und übersehen dabei oft, dass die Veranstaltungsteilnehmer vielfach erst noch für die Thematik gewonnen und motiviert werden müssen. Dafür können andere Zugänge und Bezüge oft besser geeignet sein als die inhaltlich unmittelbar nahe liegenden.

Die Diskussion darüber kann nur über eine klare und eindeutige Zielbeschreibung und nachfolgende Beispiele erfolgen. Sie bleibt aber schwierig und die Lösung ständige Aufgabe von (Veranstaltungs-)Didaktikern.

6 Methoden und Techniken

Wie schon beschrieben, stehen bei der didaktischen Vorbereitung einer Veranstaltung Ziele, Methoden und Inhalte in enger Abhängigkeit zueinander. Gerade aber die Methoden und Formen der Zielerreichung bilden für den Organisator ein wichtiges Handlungsfeld.

Welche Methoden und Techniken werden Inhalten und Adressaten gleichermaßen gerecht?

Aufgabe ist es, innerhalb der vorgegebenen Rahmenbedingungen die Methoden und Techniken herauszufinden, die den Inhalten und Adressaten gerecht werden und die Ziele am effektivsten erreichen helfen.

Die methodischen Mittel reichen von erprobten bekannten Kommunikations- und Sozialformen wie z.B.

- Vortrag, Podiumsdiskussion, Workshop, Symposium, Open-Space;
- Diskussion, Debatte, Dialog;
- Medien wie Flipchart, Film, Power-Point-Präsentation bis zu
- Beleuchtung und Gerüchen;
- Temperaturen und Ambiente etc.

Die Auswahl der methodischen Möglichkeiten ist geradezu unerschöpflich, zumal die methodischen und didaktischen Aspekte bis zu den individuellen Fähigkeiten und dem Geschick von Referenten, Dozenten und Trainern reichen.

Selbst hier hat der Veranstaltungsorganisator didaktische Aufgaben zu erfüllen, wenn es darum geht, den handelnden Referenten, Moderatoren und Trainern die zur Verfügung stehenden technischen Möglichkeiten zu vermitteln. Nicht alle Referenten und Moderatoren sind mit den technischen methodischen Hilfsmitteln so vertraut, dass sie diese sicher auswählen, geschweige denn benutzen könnten.

Letztendlich ist es immer auch eine Frage des gesamten Arrangements, welche methodischen Mittel passen und welche im Hinblick auf die Gesamtzielsetzung dysfunktional sind.

Methoden und Techniken müssen Inhalten und Zielen der Veranstaltung entsprechen

Bei einem Kongress zum Thema »Neue Medien und Informationstechnologie« wäre natürlich der Einsatz von Medien wie Power-Point-Präsentation mit Beamer, Videokonferenz mit Live-Schaltung, Internetanwendungen wie E-Learning und E-Business sowohl in der Präsentationssituation, aber darüber hinaus auch in der organisatorischen Betreuung äußerst sinnvoll und unterstützend, wenn das Ziel u.a. ist, die persönliche Akzeptanz der Teilnehmer für diese Medien zu gew innen. Bei stark emotionalen Zielsetzungen wie beispielsweise »akzeptieren«, »anwenden wollen« oder gar »persönlich dafür einsetzen wollen« sind dagegen eher handlungs- und erlebnisorientierte Formen der Vermittlung angebracht.

Es sei angemerkt, dass hier immer die Gefahr besteht, in Aktionismus zu verfallen und damit das eigentliche Ziel zu verfehlen. Die sehr moderne erlebnisorientierte Form des »Events« darf z. B. also nicht dazu verführen, dass Teilnehmer derart mit Erlebnissen überhäuft werden, dass sie Inhalte und Botschaften gar nicht mehr wahrnehmen können.

NACH DIDAKTISCHEN GESICHTSPUNKTEN DÜRFEN METHODEN UND MITTEL NICHT ZUM SELBSTZWECK WERDEN, SONDERN AUSSCHLIESSLICH UNTERSTÜTZEND IN ANGEMESSENER WEISE DER JEWEILIGEN ZIELSETZUNG DIENEN.

Noch ein Wort zum Einsatz von Mitteln und Methoden und den damit zusammenhängenden Kosten: Zwar gehört es zu den didaktischen Überlegungen und Aufgaben, Ziele mit den erforderlichen und angemessenen methodischen und technischen Mitteln zu verfolgen. Das bedeutet jedoch nicht, dass auch alles methodisch und technisch Machbare zum Einsatz kommen muss. Auch der Didaktiker sollte das ökonomische Prinzip berücksichtigen, Ziele so schnell wie möglich und mit dem geringst möglichen Aufwand zu erreichen. Wie so oft gilt auch hier letztlich: »So viel wie nötig, aber auch so wenig wie möglich« und »weniger ist manchmal mehr«.

Auch für den Didaktiker gilt das ökonomische Prinzip

7 Das Umfeld

Tagungsveranstaltungen finden nicht im luftleeren Raum statt. Die Teilnehmer müssen oft von weither anreisen, unter Umständen mehrfach übernachten und sich in ungewohnter Umgebung sowohl am Tagungsort als auch innerhalb der Tagungsstätte orientieren. Eine gute Verkehrsanbindung, Parkmöglichkeiten, der positive erste Eindruck beim Empfang, die übersichtliche Ausschilderung der Wege und deren Organisation, komfortable Unterbringungsmöglichkeiten usw. sind wesentlich mitverantwortlich für die Teilnehmerzufriedenheit und haben damit erheblichen Einfluss auf den Erfolg einer Veranstaltung.

Das Wohlbefinden der Teilnehmer sollte gewährleistet sein

Aber auch aus didaktischen Gründen ist die Wahl und die Gestaltung des Umfeldes ein integraler und wichtiger Bestandteil des Handelns der Organisatoren.

Die zu vermittelnden Inhalte und Botschaften sollten durch das Ambiente und die Ausstattung der Räumlichkeiten positiv unterstützt werden. Der Tagungsort sollte so gewählt werden, dass ein sinnvolles Rahmenprogramm möglich wird, das die Themen der Veranstaltung vertieft oder bereichert.

Einige ausgewählte Beispiele sollen an dieser Stelle genügen, um den Einfluss des Umfeldes auf den Tagungserfolg zu belegen.

Das Umfeld hat maßgeblichen Einfluss auf den Tagungserfolg

- Gute Verkehrsanbindung und Parkmöglichkeiten verhindern Verstimmung und sparen Energien.
- Wenn die Teilnehmer am Bahnhof oder Ortseingang mit Hinweisen empfangen und zum Veranstaltungsort geleitet (begleitet) werden, schafft das positive Stimmung und Vertrauen in die Organisationsfähigkeit des Veranstalters.
- Die Einstimmung auf die Veranstaltung kann durch wieder erkennbare Zeichen und Symbole schon auf dem Weg erfolgen.

- Eine attraktive Empfangshalle, die ihren Namen verdient, mit übersichtlichem Geleit zu den ersten notwendigen Handlungen wie Garderobe, Anmeldung und erste Orientierung, vermittelt den Teilnehmern das Gefühl wilkommen zu sein und sich in kompetenten Händen zu befinden.
- In einem offenen, lichtdurchfluteten großen Raum lassen sich sicher eher Zukunftspläne schmieden als in einem dumpfen, engen Raum ohne Aussicht.
- In einem kleinen übersichtlichen Raum lassen sich eher Vertrauen und Nähe der Teilnehmer zueinander aufbauen als in einem großen unpersönlichen.
- Ein Arrangement von Farben, Licht und Beschallung in den Räumen kann die Stimmung unterstützen, die für die jeweilige Zielsetzung wichtig ist. Dunklere Rot- und Orangetöne vermitteln beispielsweise Geborgenheit und fördern emotionale Offenheit, helle Blau- und Grüntöne schaffen dagegen Distanz und eignen sich für Räume, in denen sachliche Diskussionen geführt werden sollen.
- Die Ausstattung mit angemessen bequemen und funktionellen Stühlen sichert die Aufmerksamkeit der Teilnehmer.
- Kurze Wege zwischen den einzelnen Veranstaltungsräumen und den Unterkünften fördern den Kontakt der Teilnehmer untereinander
- Eine variable Pausengestaltung bietet die Möglichkeit interessante Veranstaltungen des Rahmenprogramms zu besuchen und Teilnehmer kennen zu lernen, die an anderen Veranstaltungsblöcken teilnehmen.
- Kompetentes Hilfspersonal in den Veranstaltungen und im Tagungsbüro ist Ansprechpartner für alle sich ergebenden Fragen und Probleme.

Das beste und teuerste Umfeld ist nicht notwendig auch das wirkungsvollste

Wichtig ist darauf hinzuweisen, dass es nicht darauf ankommt, immer das beste und teuerste Umfeld zu wählen und zu gestalten, sondern vielmehr dasjenige, das als Arrangement aufeinander abgestimmt die Zielerreichung unterstützt oder sie zumindest nicht behindert.

So kann es beispielsweise, wenn es darum geht, harte Fakten zu akzeptieren und schmerzliche Veränderungen zu beschließen, durchaus angebracht sein, dass sich die Teilnehmer nicht allzu wohl fühlen, weil eine eher »minimalistische« Umgebung Beschönigungs- und Heile-Welt-Tendenzen von vornherein unterdrückt.

8 Das didaktische Arrangement

Es kommt nicht von ungefähr, dass gerade in der Erwachsenenpädagogik und in der beruflichen Bildung in den letzten Jahren von sog. Lernarrangements gesprochen wird. Dahinter steht die Erkenntnis, dass die Aneignung von Wissen und Handlungsfähigkeit ein je individueller Vorgang ist, bei dem Informationen individuell selektiv aufgenommen werden und mit dem unterschiedlichen Wissen, den Erfahrungen und Einstellungsmustern eines jeden Einzelnen aktiv in Verbindung gebracht und verarbeitet und damit zu neuem/verändertem individuellem Wissen werden.

Wissen wird selektiv und individuell aufgenommen und verarbeitet

Daraus ergibt sich ein veränderter didaktischer Blickwinkel: Es erzeugt »der Lehrer nicht mehr das Wissen, das in die Köpfe der Schüler soll, er ermöglicht Prozesse der selbsttätigen und selbstständigen Wissenserschließung und Wissensaneignung« (Arnold 1993). Der Lehrer stellt also nicht länger vorfabriziertes Wissen bereit, sondern arrangiert Umfelder und Situationen, die für Wissenserschließungs- und -aneignungsprozesse besonders günstig sind.

Der Lehrer stellt kein vorfabriziertes Wissen bereit, sondern arrangiert Prozesse, innerhalb derer Lernen ermöglicht wird

Im Lichte der Einsicht, dass *»Erwachsene lernfähig, aber unbelehrbar (sind)«* (Siebert 1996), verliert die traditionelle »Belehrungsdidaktik« tendenziell ihre Bedeutung und weicht einer »Ermöglichungsdidaktik«.

Von der Belehrungs- zur Ermöglichungsdidaktik

Wenn es im Rahmen von Tagungen, Kongressen und Seminaren wesentliches Ziel ist, Wissen und Handlungsfähigkeit sowie entsprechende Motivationen zu vermitteln, hier also letzlich gelernt werden soll, ist es aus didaktischer Sicht die Hauptaufgabe der Organisatoren, dazu die geeigneten Gelegenheiten zu schaffen. Anders ausgedrückt:

Es gilt ein Umfeld so zu schaffen und zu arrangieren, dass Mitgliedern einer Zielgruppe, die zu Teilnehmern werden, individuelle Wissensaneignung, Handlungsfähigkeit und der Willen dazu optimal »ermöglicht« werden.

9 Veranstaltungsziele und -formen

Es ist nun neben den rein organisatorischen Maßnahmen des Projektmanagements eine zentrale Aufgabe von Veranstal-

Die jeweilige Zielsetzung der Veranstaltung ist das maßgebende Kriterium für die Wahl der Sozial- und Kommunikationsform

tungsorganisatoren, solche didaktisch begründeten Arrangements zu entwickeln und umzusetzen. Dabei ist, wie schon vorher begründet, die jeweilige Zielsetzung der Veranstaltung das maßgebende Kriterium.

Im Folgenden sollen die Abhängigkeit zwischen Zielsetzung und Arrangement sowie einige wichtige Arrangements selbst als erprobte Veranstaltungsformen im Sinne von idealtypischen Sozial- und Kommunikationsformen diskutiert und erläutert werden.

Um die Abhängigkeit von Zielsetzung und Sozial- und Kommunikationsform zu aktualisieren 2 Beispiele:

Beispiel 1

Wenn es die Zielsetzung ist, dass sich eine Adressatengruppe zu einem Thema orientieren/informieren soll, das noch wenig diskutiert ist, zu dem aber eine Anzahl unterschiedlicher Ansätze und Meinungen an Personen oder Institutionen festzumachen sind, dann ist die Kommunikationsform »Podiumsdiskussion« unter Einbeziehung möglichst vieler unterschiedlicher Ansätze und deren Repräsentation durch Personen und/oder Institutionen sicher eher angebracht als etwa ein Vortrag eines der Repräsentanten einer dieser Meinungen.

Alternativ – aber unter Einbuße der Authentizität und damit wichtiger inhaltlicher Differenzierung und emotionaler Ansprache – wäre auch der Vortrag durch einen Wissenschaftler möglich, der sich insgesamt mit dem betreffenden Gebiet beschäftigt hat.

Beispiel 2

Wenn es dagegen das Ziel einer Veranstaltung ist, über ein neues theoretisches Modell zu informieren, das ein einzelner Wissenschaftler entwickelt hat und das bei einer bestimmten größeren Adressatengruppe auf Interesse stößt, ist es wenig sinnvoll, etwa eine Podiumsdiskussion oder einen Roundtable als Kommunikationsform zu wählen, sondern eher eine Präsentation in Form eines mediengestützten Vortrages mit der Möglichkeit von Nach- und Verständnisfragen. Hierbei wird die Authentizität des Vortragenden auch eine besondere Rolle spielen.

Sollte allerdings die Zielsetzung über die reine Information hinausgehen und ist angestrebt, dass die Teilnehmer sich eine Meinung zu diesem Modell bilden sollen, wäre sicher eine kombinierte Kommunikationsform, in der auch ein Meinungsabgleich in Form einer Diskussion möglich wäre, vorzusehen. Dies könnte beispielsweise durch eine sich an den Vortrag anschließende Plenumsdiskussion oder eine Diskussion in nach Interessengebieten, unterschiedlichen wissenschaftlichen Disziplinen oder unterschiedlichen praktischen Anwendungsgebieten zusammengestellten Kleingruppen realisiert werden.

Diese beiden Beispiele veranschaulichen deutlich, wie sehr es auf die genaue Formulierung des Zieles ankommt, um daraus die effektivste Sozial- und Kommunikationsform abzuleiten.

Die Zielsetzung einer Veranstaltung bestimmt wesentlich die zu wählende Sozial- und Kommunikationsform. Die genaue Formulierung des Zieles trägt wesentlich zur erfolgreichen Vorbereitung und Durchführung einer Veranstaltung bei.

Die Zielsetzung einer Veranstaltung bestimmt wesentlich die zu wählende Sozial- und Kommunikationsform

9.1 Allgemeine Zielsetzungen von Tagungen und Kongressen

Neben den speziellen Zielsetzungen des jeweiligen Wissenstransfers bei bestimmten Veranstaltungen unterliegen Tagungen, Kongresse und auch Seminare ganz allgemeinen Zielsetzungen, die einzeln oder auch in den verschiedensten Kombinationen realisiert werden können.

Als solche allgemeinen Zielsetzungen haben sich folgende herausgebildet.

TAGUNGEN UND KONGRESSE WOLLEN ERREICHEN:

ALLGEMEINE ZIELE

- Information
- Innovation
- Motivation
- Entscheidung
- Unterhaltung

Diese Zielsetzungen bilden die Grundlage für die Auswahl der entsprechenden Sozial- und Kommunikationsform innerhalb einer Veranstaltung.

Allgemeine Ziele von Tagungen

INFORMATION UND TAGUNG

Ein Unternehmen hat die Zielsetzung, seine Vertriebspartner im Zusammenhang mit Produktinnovationen im Rahmen geänderter strategischer Gesamtplanungen über eine bereits beschlossene neue Vertriebsstrategie zu informieren.

Dabei wollen sich unter anderem auch der neue Vorstandsvorsitzende sowie der neu eingestellte Vertriebsleiter, der dieses Vertriebskonzept bereits mit erarbeitet hat, bekannt machen (sich in ihrer Funktion präsentieren).

authentische Präsentation einer neuen Vertriebsstrategie

Eine angemessene Lösung ist hier sicher eine Tagung (ganztägig, An- und Abreise zeitlich berücksichtigt) mit einem Grundsatzreferat des neuen Vorstandsvorsitzenden über die neuen strategischen Gesamtplanungen, der authentischen Präsentation der neuen Vertriebsstrategie durch den neuen Vertriebsleiter sowie der Vorstellung der neuen Produkte entsprechend den neuen Strategien. Da diese Informationen nachwirken sollen, sind entsprechende schriftliche Unterlagen als Handout zur Nacharbeit sinnvoll.

Dass hier auch die anderen Zielsetzungen wie Innovation (geänderte Strategie, Produktinnovationen) oder Motivation (überzeugender Vortrag über die neue Strategie und einnehmende persönlich charismatische Präsentation des neuen Vorstandsvorsitzenden bzw. des neuen Vertriebsleiters) eine Rolle spielen, ist eindeutig, jedoch sind dies in diesem Falle lediglich Nebenziele.

INNOVATION UND TAGUNG

Eine Stadt beabsichtigt ihr veraltetes Image (Industriestandort, bürgerliche bis kleinbürgerliche Einstellungs- und Verhaltensmuster, überwiegend nach innen bezogene gesellschaftliche Angebote in Kultur und Freizeit) wesentlich durch breite Aktivitäten hin zu einem nach außen offenen, touristisch attraktiven Kongress-, Messe- und Kulturstandort zu wandeln. Das Bedürfnis dazu ist bei den meisten Betroffenen (Messe- und Kongresszentrum, Hotellerie und Gastronomie,

Institutionen des Tourismus, Kultureinrichtungen etc.) vorhanden.

Zielsetzung ist es, alle potenziellen Partner möglicher neuer Aktivitäten im Rahmen dieses Marktsegmentes zusammenzuführen, um Ideen und Aktivitäten zu entwickeln, die später durch synergetisches Handeln (Angebote) der Umsetzung des Imagewandels dienen.

Open-Space als Auftaktveranstaltung

Eine Tagung als Auftaktveranstaltung mit Open-Space als Sozial- und Kommunikationsform wäre hier eine sinnvolle Problemlösung. Ein besonders interessierter und allgemein akzeptierter Partner, der durch die Organisation der Veranstaltung z.B. in den eigenen Räumen in Vorlage tritt, lädt hierzu einen überschaubaren Kreis (40 bis 100 Teilnehmer) von potenziellen Partnern ein.

Durch vorbereitende Informationen (Prospekt und/oder Internetseiten) werden die Teilnehmer in die grundsätzliche Zielsetzung (neues Image durch neue Angebote) eingeführt. Die Teilnehmer schlagen individuell sie persönlich interessierende innovationsfördernde Themen vor und bearbeiten diese mit anderen an diesem Thema Interessierten in kleineren Workshops nach der Open-Space-Methode. Dabei ist es besonders wichtig, dass ergebnis- und handlungsorientiert diskutiert wird und die Ergebnisse protokolliert und allen Beteiligten zur Kenntnis gebracht werden.

Auch hier spielen wieder die anderen Ziele für Tagungen und Kongresse wie (gegenseitige) Information, Motivation *(»Wir haben es selbst entwickelt, deshalb finde ich es gut und mache bei der Umsetzung selbstverständlich mit!«)* und sogar Entscheiden (durch gemeinsame Meinungsbildung werden Prioritäten gesetzt) eine, wenn auch gegenüber dem Hauptziel Innovation untergeordnete Rolle.

MOTIVATION UND TAGUNG

Typische Anlässe für Veranstaltungen, bei denen Motivation im Vordergrund steht, sind Vertriebstagungen

Typische Anlässe für Veranstaltungen, bei denen Motivation im Vordergrund steht, sind Vertriebstagungen. Wenn ein Unternehmen ein oder mehrere neue Produkte auf den Markt bringen will, wird es in vielen Fällen eine Vertriebstagung durchführen, bei der die Vertriebsbeauftragten neben der zwar wichtigen – aber eben in diesem Stadium doch eher zu vernachlässigenden Produktkenntnis – zunächst einmal für das Produkt begeistert werden sollen.

Die Teilnehmer sollen meist aus dem dargestellten besonderen Nutzen des Produktes für ihre potenziellen Kunden, den möglichen Vorteilen gegenüber Mitbewerberangeboten, den allgemeinen Marktchancen, der besonderen Aufmachung, dem attraktiven Preis usw. ihre persönlichen und ökonomischen Chancen erkennen und gleichzeitig durch die allgemeine Begeisterung der KollegInnen gestärkt, hochmotiviert in einen neuen Verkaufszyklus starten.

Wegen der besonderen Bedeutung emotionaler Zielsetzungen und damit von Formen wie Show, Erlebnis, Demonstration von Gruppenzugehörigkeit etc. werden solche Veranstaltungen im moderneren deutschen Sprachgebrauch auch mit dem eher emphatisch zu verstehenden Begriff »Event« belegt. Achtung: Im englischsprachigen Bereich wird dieser Begriff eher neutral als »Veranstaltung« verstanden!

Entscheidung und Tagung und Kongress

Im Zusammenhang mit Entscheidungen sind Tagungen und Kongresse eher als vorbereitende Tendenzveranstaltungen zu sehen

Im Rahmen von Tagungen und Kongressen geht es nur selten darum, konkrete Entscheidungen zu treffen. Dafür sind die Formen »Sitzung« und »Versammlung« eher geeignet, bei denen Gremien (Entscheidungsgremien) oder für Entscheidungen legitimierte Delegierte in der Regel genau zu diesem Zweck zusammenkommen.

Tagungen und Kongresse sind im Zusammenhang mit Entscheidungen eher als vorbereitende Tendenzveranstaltungen oder als nachbereitende Vertiefungs- oder Umsetzungsveranstaltungen zu sehen.

Dennoch dienen sie ganz wesentlich der individuellen Meinungsbildung und Entscheidungsfindung, seltener aber kollektiven, mit formalen Regeln versehenen Entscheidungsprozessen.

Unterhaltung und Tagung und Kongress

Auch hier wird auf den ersten Blick deutlich, dass stärker noch als beim Entscheiden das Motiv Unterhalten nicht im Vordergrund stehen kann.

Dennoch ist dies als eines der Ziele nicht zu vernachlässigen. Waren in früheren Zeiten die Unterhaltungsteile zwar inhaltlich möglichst im Zusammenhang, aber doch zeitlich und organisatorisch deutlich erkennbar als Rahmenprogramm organisiert, so werden heute häufig Versuche unternommen, diese Teile unter dem Aspekt des Erlebnisses miteinander zu verbinden.

Wenn diese Emotionalitat unter didaktischen Aspekten mit konkreten Zielsetzungen wie »inhaltlich vertiefen«, »länger behalten«, »aus dem Erlebnis neu erkennen« oder »aus gemeinsamem Tun motivieren« verbunden wird (wie z. B. bei Produktpräsentationen oder Vertriebstagungen), ist dies sicher eine erhebliche Bereicherung der Tagungs- und Kongresswelt.

Allgemeine Ziele von Kongressen

Information und Kongress

Ein großer Branchenverband hat satzungsgemäß die Aufgabe, die Mitglieder, die potenzielle Kundschaft sowie eine interessierte Öffentlichkeit in regelmäßigen zeitlichen Abständen über neue Entwicklungen und Anwendungen zu informieren sowie die Marktbeteiligten synergetisch zusammenzuführen.

Hier bietet sich die Form eines Kongresses an, bei dem durch Fachvorträge, Referate etc. eine große Anzahl von Teilnehmern gründlich (mehrtägig) informiert wird. Gleichzeitig haben die Teilnehmer in ausreichend bemessenen Kommunikationspausen, Workshops und/oder Symposien oder auch während eines passenden Rahmenprogramms o. Ä. die Möglichkeit, sich gegenseitig zu informieren und auszutauschen. Wobei auch beim Austausch die Information wechselseitig im Vordergrund steht.

Durch Fachvorträge und Referate wird eine große Anzahl von Teilnehmern gründlich (mehrtägig) informiert

Innovation und Kongress

Typisch für die Umsetzung dieser Art von Zielsetzung sind wissenschaftliche Kongresse. Hier stellen Wissenschaftler in Vorträgen und Präsentationen im Plenum oder kleineren Organisationsformen einem interessierten Publikum neue Erkenntnisse vor.

Diese können dann im Plenum hinterfragt, in differenzierten Untergruppen vertieft diskutiert auf den Prüfstand gestellt werden. Gleichzeitig können strukturiert in Workshops oder informell in Pausen Erfahrungen zum Thema und angrenzenden Themen ausgetauscht und persönliche Kontakte geknüpft werden.

In Workshops können weiterführende oder kreative Prozesse in Gang gesetzt werden

Einen besonders innovativen Charakter kann ein Kongress dadurch erhalten, dass z.B. in Workshops oder anderen geeigneten Sozial- und Kommunikationsformen weiterführende oder kreative Prozesse in Gang gesetzt werden, die dann selbst zu neuen Erkenntnissen führen. Dies ist häufig vor allem dann der Fall, wenn ein gemeinsames Thema aus verschiedenen wissenschaftlichen Disziplinen oder Denkrichtungen vertieft behandelt wird.

Steht oft die Präsentation von Innovationen im Vordergrund, so kann bei einem Kongress mit Workshops die Innovation sogar selbst das Ergebnis sein. Die anderen Zielsetzungen wie Information (eher allgemeiner Art), Motivation oder gar Entscheiden und Unterhalten stehen hier mit Abstand im Hintergrund.

Motivation und Kongress

Im Rahmen von Kongressen ist diese Zielsetzung oft auf den ersten Blick nicht zu erkennen. Dennoch gibt es eine Reihe von Beispielen, bei denen die Hauptzielsetzung darin besteht, die Teilnehmer – oft auch noch eine breitere Öffentlichkeit – für ein bestimmtes Thema zu interessieren und zu motivieren, daran weiterzuarbeiten oder an der Weiterentwicklung teilzuhaben.

Beispiele dafür sind die vielen, gerade im Zusammenhang mit der Jahrhundert- bzw. Jahrtausendwende verbundenen Kongresse verschiedenster Art und Thematik, die sich mit dem Aufbruch der jeweiligen Interessen in das nächste Jahrhundert bzw. Jahrtausend beschäftigt haben. Dies ist nicht nur in den jeweiligen Titeln bereits zu erkennen, wie z.B. »Sportkongress 2000« oder »Lebenslanges Lernen – Aufbruch ins nächste Jahrhundert« o.a., sondern die gesamte Thematik ist prospektiv aufbereitet, um die Teilnehmer auf eine neue Ära einzustimmen, Spannung und Herausforderung aufzubauen und dadurch zum Mitwirken und Mitgestalten zu ermutigen (motivieren).

Soweit die grundsätzlichen Abhängigkeiten der gewissermaßen »übergeordneten« Veranstaltungsformen Kongress und Tagung von den allgemeinen Zielsetzungen für diese Arrangements.

Darüber hinaus gibt es aber auch eine Reihe von grundlegenden Sozial- und Kommunikationsformen, die als erprobte idealtypische Arrangements eigenständig sind und im Rahmen der didaktisch-methodischen Umsetzung von Seminaren, Tagungen und Kongressen eingesetzt werden können.

9.2 Sozial- und Kommunikationsformen

Monologisch und präsentierend

VORTRAG

Der Vortrag ist die häufigste Form der Präsentation von Inhalten bei Tagungen und Kongressen. Er dient der Vermittlung von Informationen, Sachverhalten, Überzeugungen etc. an ein Publikum.

Der Vortrag ist die häufigste Form der Präsentation von Inhalten bei Tagungen und Kongressen

Die Vermittlung der Inhalte erfolgt vorwiegend frontal und in der Regel als Einwegkommunikation. Während des Vortrags findet kein inhaltlicher Austausch zwischen Vortragendem und Zuhörenden statt. Der Vortragende verfügt über herausragendes Expertenwissen, das er thematisiert weitergibt. Der Erfolg eines Vortrags ist in hohem Maß abhängig von den rhetorischen Fähigkeiten des Redners sowie dem didaktisch angemessenen Einsatz audio-visueller Hilfsmittel (Mikrophon und Lautsprecher, Flip-Chart, Overhead-Projektor, Power-Point-Projektion etc). Mit einem Vortrag kann eine große Anzahl von Zuhörern gleichzeitig erreicht werden.

PRÄSENTATION

Eine Präsentation kann sich neben Inhalten auch auf Sachen oder Produkte beziehen. Im englischsprachigen Kulturbereich wird nahezu überhaupt nicht zwischen inhaltlichem Vortrag und dinglicher Präsentation unterschieden. Man spricht einfach von »presentation«.

Innerhalb der deutschsprachigen Tagungs- und Kongresslandschaft wird der Begriff der Präsentation allerdings immer noch eher im Zusammenhang mit der Vorstellung von Produkten und der Darstellung von Problemlösungen angewandt. So ist auch der zusammengefügte Begriff der »Produktpräsentation« sehr geläufig.

Vorstellung von Produkten und Darstellung von Problemlösungen

Im Zusammenhang mit modernen Medien (Multi-Media) ist eine Tendenz auszumachen, dass solchermaßen unterstützte Vorträge als »Präsentationen« bezeichnet werden.

Wie der Vortrag kann auch die Präsentation eine große Anzahl von Rezipienten gleichzeitig oder zumindest organisatorisch ohne zusätzlichen Aufwand erreichen.

Eine besondere Form der Präsentation bei Tagungen und Kongressen kann bei guter Abstimmung die tagungs- oder kongressbegleitende Ausstellung sein, auf der nach einführenden Vorträgen konkrete Problemlösungen auch individueller Art auf den Ständen der Aussteller präsentiert werden.

STATEMENT

Standpunkt, Geisteshaltung oder Überzeugung knapp zum Ausdruck bringen

Das Statement ist eine Form der Präsentation, mit deren Hilfe ein Autor oder Sprecher seinen Standpunkt, seine Geisteshaltung oder seine Überzeugung bezüglich einer Problemstellung, eines Sachverhaltes oder einer Situation knapp zum Ausdruck bringt. Ziel des Statements ist es, eine Meinung zu erörtern und zu begründen und andere von deren Richtigkeit zu überzeugen.

Bei Tagungen und Kongressen werden Statements häufig als Kurzreferate eingesetzt, wenn es darauf ankommt, beispielsweise als Einführung in vertiefende Diskussionen, mehrere unterschiedliche Informationen in kurzer Zeit zu vermitteln.

Darüber hinaus können auch nach einem ausführlichen Vortrag vorbereitete Statements aus dem Publikum gegeben werden, die dann inhaltlich auf den Punkt gebracht die Gesamtpalette als wichtig erachteter Gesichtspunkte rationell abdeckt.

Als in sich abgegrenzter Beitrag im Rahmen einer Diskussion leitet das Statement zu den dialogischen Formen über.

Dialogisch und moderierend

PODIUMSDISKUSSION

Sachverhalte und Meinungen zu aktuellen Problemen aus unterschiedlicher Sicht

Ziel einer Podiumsdiskussion ist die Information einer Öffentlichkeit durch Darstellung von Sachverhalten und Meinungen zu aktuellen Problemen aus unterschiedlicher Sicht.

Sie dient in erster Linie der Meinungsbildung bei einem Publikum, ohne jedoch von vornherein auf Meinungsausgleich aus zu sein. Nicht die Einigung steht im Vordergrund, sondern die signifikanten Unterschiede in den Meinungen und Aussagen. Dabei spielt die Authentizität der Repräsentanten einer bestimmten Meinung oder Sichtweise auf dem Podium und der entsprechenden Aussage eine entscheidende Rolle für den Erfolg einer Podiumsdiskussion.

Meinungsbildung ohne auf Meinungsausgleich aus zu sein

Die Zusammensetzung des Podiums erfolgt somit gemäß den unterschiedlichen Meinungen und Sichtweisen mit dem Ziel, hier möglichst authentische Vertreter und Repräsentanten zu finden.

Bei einer Podiumsdiskussion sitzen die Teilnehmer des Podiums gut sichtbar für alle Zuhörer/-schauer idealerweise in einem weit offenen Kreisausschnitt mit dem Moderator in der Mitte oder an einer der Außenseiten. Wichtig ist zu beachten, dass sowohl Zuhörer als auch alle Podiumsteilnehmer sich untereinander gut sehen und hören können und damit miteinander diskutieren können.

Geeignete Technik (Diskussionsanlage mit Einzelmikrofonen) ist anzustreben. Das Weiterreichen von Mikrofonen während einer Diskussion wirkt störend und ist unprofessionell.

In der Regel werden heute, nachdem die unterschiedlichen Meinungen und Sichtweisen von den Podiumsteilnehmern dargelegt worden sind, die Zuhörer zu einem späteren Zeitpunkt von Moderatoren in die Diskussion mit einbezogen.

Der Erfolg von Podiumsdiskussionen ist wesentlich von der professionellen Moderation abhängig

Neben der Auswahl geeigneter Podiumsteilnehmer als Repräsentanten exponierter Meinungen und Sichtweisen ist der Erfolg von Podiumsdiskussionen wesentlich von der professionellen Moderation abhängig.

INTERVIEW

Das Interview nutzt die Möglichkeit gezielt Fragen zu stellen. Auf diese Weise wird die Überbringung wesentlicher Aussagen an ein Publikum erleichtert. Das Interview zeichnet sich als Kommunikationsform durch besondere Authentizität und Lebendigkeit aus.

Ziel des Interviews ist die Informationsbeschaffung durch die Befragung von Experten. So können z.B. anstatt eines

Informationsbeschaffung durch die Befragung von Experten

Referates bei einer Tagung oder einem Kongress ein oder mehrere Interviews mit Experten geführt werden. Der Vorteil liegt darin, dass die Fragen gezielt gestellt werden können, um die wesentlichen Aussagen (Botschaften) an das Publikum zu bringen und darüber hinaus wirkt die so gewonnene Spontaneität authentisch und lebendig.

Die Qualität des Interviews hängt wesentlich von der Qualität der Fragen ab. Vorkenntnisse zum Thema sind für den Interviewer (Moderator) wichtig. Das Interview ist besonders erfolgreich, wenn es abwechslungsreich und mit unterschiedlichen Fragetypen gestaltet ist.

Auch hier gilt wieder, dass der Erfolg wesentlich durch den Interviewer bestimmt wird, der sich inhaltlich gut vorbereitet und Hintergrundinformationen hat, sich mit dem zu Interviewenden in Briefinggesprächen inhaltlich, methodisch und emotional einstimmt, seine Fragen so formuliert, dass die gewünschten zentralen Botschaften vom Interviewten gegeben werden können (müssen!) und sich inhaltlich und methodisch so sicher fühlt, dass er frei ist für spontane Aktionen, die der Zielsetzung dienen.

Das Interview wird als Kommunikationsform bei Tagungen und Kongressen benutzt, wenn es auf kurze gezielte Aussagen, Einstimmungen eines Publikums auf besonders zu vertiefende Themen, Präsentation von herausragenden Persönlichkeiten und methodische Abwechslung im Gesamtverlauf der Veranstaltung ankommt.

ROUNDTABLE

Form der gemeinsamen Arbeit zwischen Menschen aus unterschiedlichen Betätigungsfeldern, die ein Interessenfeld verbindet

Roundtable ist eine Form der gemeinsamen Arbeit zwischen Menschen aus unterschiedlichen Betätigungsfeldern, die ein Interessenfeld verbindet. Das Bemühen besteht darin, durch den Austausch am runden Tisch Synergien innerhalb der verschiedenen Umfelder herauszufiltern und entsprechend eine gemeinsame Vision zu aktivieren.

Die Teilnehmer des Roundtable arbeiten nach dem Prinzip des Konferierens, indem sie buchstäblich »am runden Tisch« Informationen und Meinungen austauschen, um gemeinsame Handlungsstrategien entwickeln zu können. Die Gesprächsform des Dialogs spielt dabei eine herausragende Rolle. Alle Mitglieder des Roundtable sind gleichberechtigt. Der runde Tisch bezeichnet symbolisch das Fehlen jeglicher

Hierarchie, die Teilnehmer des runden Tisches können also einen sog. »herrschaftsfreien Diskurs« führen.

Kolloquium

Das Kolloquium ist eine Veranstaltungsform, die im wissenschaftlichen Bereich Anwendung findet. Sie dient dem Austausch zu aktuellen Themen und basiert auf dem Prinzip der Präsentation von Forschungsergebnissen in Form von Vorträgen. Die Teilnehmer eines Kolloquiums verfügen über Spezialistenwissen, das sie weitergeben bzw. austauschen.

Wissensplattform, deren Substrat den Teilnehmern die Möglichkeit für neue Arbeitsqualität liefern kann

Das Ziel eines Kolloquiums besteht darin, eine Wissensplattform zu bilden, deren Substrat den Teilnehmern die Möglichkeit für neue Arbeitsqualität liefern kann. In diesem Sinne ist ein Kolloquium insgesamt eine Kommunikations- und Sozialform für Tagungen und Kongresse, die als wesentliches besonderes Merkmal die Wissenschaftlichkeit aufweist.

Symposium

Ursprünglich aus dem antiken Griechenland als geselliges Beisammensein bekannt, in dessen Rahmen wissenschaftliche Inhalte erörtert wurden, ist dies eine Kommunikationsform, die auf Tagungen und Kongressen recht selten eingesetzt wird.

Bei einem Symposium kommt es, ähnlich wie bei einem Kolloquium darauf an, aus unterschiedlichem Wissen und unterschiedlichen Meinungen eine Plattform zu schaffen, von der aus von allen Teilnehmern noch während der Veranstaltung in Dialogform weitergedacht werden kann.

Wichtig ist bei dieser Form Lockerheit und Ungezwungenheit und die Freiheit zu denken und zu sagen, was die Teilnehmer zu sagen wünschen. Bei Symposien werden oft die Grenzen des bisher Gedachten bewusst, manchmal sogar provozierend, überschritten, um geistiges Neuland zu betreten.

Workshop

arbeitsteilige Problembewältigung

In einem Workshop wird gemeinsam an einer Aufgabe gearbeitet, die zu umfangreich ist, als dass ein Einzelner sie bewältigen könnte. Im Mittelpunkt steht ein gemeinsam angestrebtes und vorab beschriebenes Ziel oder Arbeitsergebnis.

Die Teilnehmer eines Workshops sind Experten auf einem Gebiet. Sie erhoffen sich Ergebnisse vom Austausch mit anderen Workshopteilnehmern und scheuen sich deshalb nicht, ihr Wissen, Anliegen oder Problem den anderen Workshopteilnehmern mitzuteilen.

Ein Workshop erhält seinen Sinn im gemeinsamen Tätigsein der Teilnehmer für ein gemeinsames Ziel. Die Leitung eines Workshops bedingt keine herausragende inhaltliche Kompetenz, ihre Aufgabe besteht vielmehr in der Vorbereitung und Moderation der Veranstaltung, nicht in der Inhaltsvermittlung.

Der Workshop ist eine Veranstaltungsform für Wissenschaft und Praxis. Sie ist zielorientiert, teilnehmeraktivierend und konstruktiv. Diese Sozial- und Kommunikationsform wird bei Tagungen und Kongressen immer häufiger angewendet und führt neben den inhaltlichen Vorteilen zu Teilnehmerbeteiligung, methodischer Abwechslung und emotionaler Betroffenheit bei den Teilnehmern.

Open-Space

Open-Space-Veranstaltungen haben zum Ziel, kritisch komplexe Themen in kurzer Zeit (max. 3 Tage) zu bearbeiten, viele Menschen schnell zu aktivieren und ihre Intelligenz und ihr Wissen zu nutzen, um Veränderungen bestehender Verhältnisse einzuleiten.

Open-Space-Veranstaltungen setzen auf die Selbstorganisation der Teilnehmer, die lediglich ein Leitthema haben

Diese Sozial- und Kommunikationsform setzt auf die Selbstorganisation der Teilnehmer und kann mit 10 bis 750 Personen durchgeführt werden. Sie haben lediglich ein Leitthema. Es muss für alle Beteiligten so wichtig sein, dass sie sich einbringen wollen.

Wie der Name »Open-Space« (»offener Raum«) schon andeutet, wird die Veranstaltung von den Teilnehmern selbst mit ihren Themen ausgefüllt. Es gibt keine Tagesordnung, keine vorbereiteten Arbeitsgruppen, keine festgelegten Arbeitsthemen und keine Referenten. Arbeitsweisen und Vorgehensweisen werden von den Teilnehmern selbst bestimmt.

Am Anfang sitzen alle in einem großen Kreis. Jeder, der es will, hat die Möglichkeit, in die Mitte des Kreises zu gehen und seinen Themenvorschlag, passend zum Generalthema, zu nennen. Auf dem Marktplatz, wo dann alle Themen an einer großen Wand hängen, Zeiten und Orte festliegen, tragen sich die Teilnehmer dort ein, wo sie mitarbeiten wollen. Anschließend beginnen die Workshops. Jeweils am Abend, am Morgen und natürlich ganz zum Schluss treffen sich alle Gruppen, um Erfahrungen auszutauschen. Am Ende der Veranstaltung sollte genügend Zeit eingeräumt werden, um eine Reflexion über den Hergang und das Vollbrachte der vergangenen Tage zu ermöglichen sowie zusammenfassende zukunftsorientierte Schritte für die Umsetzung zu diskutieren, wenn möglich sogar Verantwortliche zu benennen.

Open-Space ist ungeeignet, wenn es darum geht handfeste Daten, Fakten oder Informationen jedweder Art zu transportieren. Nachteilig ist, dass viele Organisatoren aus Angst vor Kontrollverlust und Chaos entgegen der Regel doch Abläufe und Themen vorbereiten.

Open-Space verbindet die unterschiedlichsten Menschen und Perspektiven

Open-Space erfüllt mit Energie und positivem zukunftsorientierten Lösungsdenken, verbindet die unterschiedlichsten Menschen und Perspektiven, motiviert und macht Spaß! Open-Space-Konferenzen sind in diesem Sinne eine eigene Veranstaltungsform, die zwar bei entsprechender Zielsetzung in Tagungen und Konferenzen integriert werden können, jedoch ihren besonderen Wert aus ihrer Eigenständigkeit und Gleichwertigkeit zu Tagung und Konferenz beziehen.

ZUKUNFTSWERKSTATT (ZUKUNFTSKONFERENZ)

eine gemeinsam erlebte Problemsituation besser verstehen und bewältigen

Die Zukunftswerkstatt bezeichnet eine Arbeitsmethode, die es Menschen mit unterschiedlichen Interessen ermöglicht, eine problematische Situation, in der sie sich gemeinsam befinden, besser zu verstehen und zu bewältigen. Das Ziel einer Zukunftskonferenz ist die Erarbeitung einer gemeinsamen Vision sowie von Maßnahmeplänen zu deren Umsetzung.

Die Zukunftswerkstatt (Zukunftskonferenz) basiert auf einer Reihe von Grundprinzipien:

- Die Teilnehmer bearbeiten in Kleingruppen fünf Aufgaben:
  1. Rückblick in die Vergangenheit vornehmen,
  2. gegenwärtiges Bild skizzieren,
  3. Visionen einer idealen Zukunft entwickeln,
  4. Gemeinsamkeiten aller Visionen feststellen,
  5. Maßnahmen planen.
- Die Teilnehmer arbeiten gleichberechtigt.
- Die Arbeitsgruppen steuern sich selbst.

- Problemlösungswege führen nicht über die Veränderung von Menschen, sondern über die Änderung der Bedingungen ihrer Interaktionen.

Aus diesen Gründen sind die Ergebnisse einer Zukunftswerkstatt nicht vorhersagbar.

An einer Zukunftswerkstatt nehmen 30 bis 70 Personen teil und arbeiten bis zu zweieinhalb Tage zusammen. Wie bei Open-Space lässt sich bei entsprechender Zielsetzung auch diese Form in Tagungen und Kongresse integrieren. Sie schöpft aber wesentliche Energie aus ihrer Selbstständigkeit und ist somit eine eigene Veranstaltungsform, gewissermaßen neben Tagung und Konferenz.

Dialog

Der Dialog ist aus seiner Entstehung heraus nicht notwendig als eine gewissermaßen eigenständige Sozial- und Kommunikationsform für Tagungen und Kongresse zu beschreiben. Dennoch werden immer häufiger Veranstaltungen mit der besonderen Form Dialog angeboten, so dass es hier sinnvoll erscheint, auch diese wieder entdeckte Form zu behandeln.

Der Dialog zielt darauf ab, dass die Teilnehmer voneinander profitieren um wichtige Themen zu erkunden

Der Dialog zielt – im Gegensatz zur Diskussion – darauf ab, dass die Teilnehmer voneinander profitieren, um wichtige Themen zu erkunden.

Dialog ist die Suche nach der Bedeutung von Dingen, die sich aus verschiedenen Blickrichtungen aufbaut und somit das Wissen jedes Einzelnen, aber auch das Gesamtwissen erweitert. Hier ist nicht maßgebend, wer beispielsweise das größte Fachwissen hat. Vielmehr kommen die eigenen, momentanen Gedanken ins Spiel, sofern die Person diesen Beitrag leisten möchte. Dialog kann nicht erzwungen werden. Die Beteiligung an ihm ist eine freiwillige Leistung. Er wird durch diejenigen geprägt, die ihn führen und er prägt sie seinerseits. Der Dialog ist somit eine Kommunikationsform, die zum Wesen menschlicher Identität und gesellschaftlichen Miteinanders gehört.

Bei einfühlsamer Anleitung kann der Dialog sowohl zu besserem gegenseitigen Verstehen als auch zu kreativen und unerwarteten Lösungen führen. Der Dialog findet im Kreis sitzend statt. Keiner wird bevorzugt, es herrscht Gleichberechtigung. Als Grundvoraussetzung gilt, dass sich die Teilnehmer als Partner einbringen, die sich (radikal) respektieren. So kommen ganz eigene Annahmen, Sichtweisen und Standpunkte zum Vorschein, die das Gesamtbild des zu behandelnden Themas in der Gruppe bereichern. Ebenso wichtig ist das Zuhören können und das Ausreden lassen. Es spricht immer nur eine Person! (Um dieses zu gewährleisten oder einzuüben, werden oft Hilfsmittel wie Sprechstein o.Ä. zu Hilfe genommen.)

Die Teilnehmer bringen sich als Partner ein

Individuell schwierig im Prozess eines Dialoges ist das Festhalten, das sich nicht lösen können von eigenen Standpunkten, Annahmen, Meinungen. Das hat oft eine innere Blockade zur Folge und fordert geradezu heraus, in aggressivere Formen, z.B. der Diskussion zurückzufallen. Im Dialog werden Meinungen befühlt, erforscht, ertastet, hin- und herbewegt. Sie in der Schwebe zu halten, um sie von allen Seiten betrachten zu können, ist die Kunst.

Ebenso hinderlich ist die fehlende individuelle Fähigkeit und Bereitschaft sich auf Neues einzulassen. Dialogisieren leidet auch häufig darunter, dass Teilnehmer ihre Meinungen und Annahmen um alles in der Welt verteidigen wollen, sie sogar Statements abgeben, um so zu versuchen, andere Beteiligte von ihrer Meinung zu überzeugen. Ausreichend Zeit spielt für eine gelungene Dialogführung eine ebenso wichtige Rolle wie geeignete Räumlichkeiten. Soll Tiefgründigkeit der Gedanken erreicht werden, braucht der Geist Ruhe, Zeit und Wohlbehagen. Gedanken müssen sich spinnen lassen können, der Kopf muss frei sein.

In dem beschriebenen Sinne kann der Dialog sowohl eine Sozial- und Kommunikationsform bei Tagungen und Kongressen wie auch eine besondere eigenständige Veranstaltungsform sein.

ZUSAMMENFASSUNG

Tagungen, Kongresse und Seminare sind in der wissensbasierten Dienstleistungsgesellschaft wichtige und nicht ersetzbare Plätze des Umschlags von grundsätzlich aktuell neuem und individuell neuem Wissen. Sie sind die Plätze, an denen gelernt wird, indem Informationen so präsentiert werden, dass sie individuell verarbeitet werden und zu veränderter Handlungsfähigkeit und möglichst auch zu Handlungswilligkeit führen.

Aufgabe der Veranstaltungsorganisatoren ist es,

- *nach didaktischen Gesichtspunkten eine Zielgruppe einzugrenzen,*
- *das Veranstaltungsziel präzise zu formulieren,*
- *es analytisch in Teilziele zu zerlegen,*
- *um dann Themen und Inhalte zielorientiert so aufzubereiten,*
- *dass in einem dafür optimal arrangierten Umfeld,*
- *mit angemessener methodischer und medialer Unterstützung*

den Veranstaltungsteilnehmern Wissensaneignung individuell ermöglicht wird und über die Handlungsfähigkeit zu positiver Handlungsmotivation führt.

Diese Aufgaben sind organisatorisch in ein (Veranstaltungs-)Projekt einzubetten und als solches insgesamt zu managen.

TEIL C PROJEKTMANAGEMENT VON SEMINAREN, TAGUNGEN UND KONGRESSEN

1 DIE HANDELNDEN UND BETEILIGTEN PERSONEN

Zu Tagungsveranstaltungen kommen die unterschiedlichsten Personen und Personengruppen zusammen. Die Motive für eine Teilnahme und das dahinter stehende Erkenntnisinteresse sind vielfältig und oft sogar heterogen. Der Tagungserfolg hängt also ganz entscheidend davon ab, ob es gelingt, einen umfassenden Austausch zu organisieren und durchzuführen, der die unterschiedlichen Interessen in Richtung einer gemeinsamen Bewusstseinsbildung oder gemeinsamen Handelns kanalisiert.

Vielfältige Interessenlagen sind zu berücksichtigen

Der Veranstalter als Initiator

Als Initiator einer Tagungsveranstaltung will der Veranstalter die Öffentlichkeit für eine Thematik sensibiliseren, bestimmte Personengruppen informieren oder zu gemeinsamem Handeln anleiten. Verbände, Organisationen, Wirtschaftsunternehmen und Interessengruppen etc. laden zu diesen Zwecken zu einem Seminar ein, halten eine Tagung ab oder richten einen Kongress aus.

Zu den Hauptaufgaben des Veranstalters gehören

Hauptaufgaben des Veranstalters

- Festlegung der Zielsetzung der Veranstaltung;
- Erstellen des Grundsatzprogramms, des Veranstaltungskonzeptes;
- Wahrnehmung der Rechts- und Wirtschaftsträgerschaft, d.h. er schließt alle Verträge, ist verantwortlich für den finanziellen Erfolg und die Einhaltung steuerrechtlicher Vorschriften;
- Wahrnehmung der Außenvertretung, nicht nur im rechtlichen Sinn, sondern auch im Bereich der Öffentlichkeitsarbeit;
- Wahrnehmung der Gastgeberrolle während der Veranstaltung.

Aus der zentralen Stellung des Veranstalters als Vertragspartner gegenüber den Teilnehmern einer Veranstaltung und allen Dienstleistern heraus ist es für alle an der Veranstaltungsdurchführung beteiligten Mitarbeiter der Organisation

Vertragspartner gegenüber den Teilnehmern und allen Dienstleistern

des Veranstalters wichtig, die Rechtsverhältnisse und Zuständigkeiten zu kennen und mögliche steuerrechtliche Konsequenzen bei der Finanzplanung zu berücksichtigen.

Teilnehmer als Zielgruppen

alle aktiv Beteiligten im Bereich des Wissenstransfers, des Informationsaustausches oder der Meinungsbildung

Die Teilnehmer einer Veranstaltung sind alle aktiv Beteiligten im Bereich des Wissenstransfers, des Informationsaustausches oder der Meinungsbildung. Sie bilden die Zielgruppen des Kongresses. Ihr Erkenntnisinteresse, ihr Informationsbedürfnis und sonstiger Bedarf sind die Basis für die Grundsatzplanung, die Inhalte, die zielgruppengenaue Planung des Marketing, der Umsetzung aller geplanten Maßnahmen.

Der Kongress soll nicht nur finanziell, sondern vor allem inhaltlich für jeden Teilnehmer ein Gewinn sein.

zwei Gruppen von Teilnehmern

Grundsätzlich lassen sich zwei Gruppen von Teilnehmern unterscheiden:

- Personen, die als Vertreter ihrer Organisationen oder Firmen gesandt und delegiert sind, also in gewissem Sinne fremdbestimmt teilnehmen,
- Personen, die sich persönlich für die Teilnahme entschieden haben und auch die Gebühren selbst zahlen.

Besonders die letztgenannte Gruppe gilt es für die Veranstaltung zu interessieren, sie zur Teilnahme zu motivieren, den Bedarf zu wecken und angemessen zu decken.

Die Teilnehmer reisen vielfach aus unterschiedlichsten Zeit- und Klimazonen an, sie benötigen Betreuung und einwandfreie Arbeitsbedingungen.

Gute Kongressorganisation sorgt für das Wohlbefinden der Teilnehmer, diese fühlen sich willkommen.

Organisierte Kommunikationsinstrumente unterstützen dabei, wie u.a.

- ein mit einem umfassenden Informationsnetz ausgestattetes Informationsbüro, das die einzelnen Tagungsangebote koordiniert, sich um Teilnehmerwünsche und -kontakte kümmert,
- Besprechungsecken und -räume, die zu Gesprächen einladen.

Besucher von begleitenden Messen oder Ausstellungen

Im Rahmen vieler Kongresse und Tagungen werden begleitend Messen oder Ausstellungen organisiert. Besucher können hier die Kongressteilnehmer selbst, aber auch Interessierte aus der Region sein.

Im Programm sollte ausreichend Zeit für den Besuch der Ausstellung und Gespräche mit Ausstellern eingeplant werden. Die örtliche Einbindung der Ausstellung, klare Übersichten und Pläne, kurze Wege, Angebot von Erfrischungen und Gesprächsecken im Bereich der Messe/Ausstellung unterstützen den Besucher bei seiner persönlichen Zeiteinteilung. Aktionen am Stand gestalten die Ausstellung lebendig und motivieren Besucher zum Bleiben.

Begleitpersonen der Teilnehmer

Das Rahmenprogramm erschließt kulturelle oder touristische Ziele der Region, bedient weiterführende Interessen und vertieft Themen des Kongresses

Kongressteilnehmer werden vielfach von Personen begleitet, die am eigentlichen Vortragsprogramm nicht teilnehmen. Deren möglichen Interessen sowie Inhalten, die zur Tagung in Bezug stehen, aber nicht eigens oder nicht erschöpfend thematisiert werden, trägt das Rahmenprogramm Rechnung (siehe auch Teil A, Kap. 2.5), das in den Ablauf der Tagung integriert werden muss. Es sollte genau auf die Zielgruppe abgestimmt sein, kann kulturelle oder touristische Ziele der Region erschließen, aber auch weiterführende Interessen bedienen oder Themen des Kongresses vertiefende Angebote wie z. B. Fachexkursionen oder Workshops bieten. Im Rahmen der Standortwahl sollten die Möglichkeiten der Destination für ein attraktives Rahmenprogramm bedacht werden.

Referenten, Sitzungsleiter, Moderatoren, Experten als Impulsgeber

Referenten und Moderatoren sind die inhaltlichen oder methodischen Impulsgeber einer Tagung. Sie wirken im Sinne des Tagungsziels unmittelbar auf die Teilnehmer ein. Um hier einen optimalen Wissenstransfer und Austausch zu erreichen, sind frühzeitig geeignete Referenten und Moderatoren zu verpflichten, die in Absprache mit dem Veranstalter und dem Programmkomitee auf die Ziele der Veranstaltung hin gebrieft werden müssen.

rechtzeitig geeignete Referenten und Moderatoren verpflichten

Während der Veranstaltung unterstützen ein Experten-Treff oder auch ein Speaker's Corner einen lebhaften Gedankenaustausch zwischen Teilnehmern und Referenten auch außerhalb der Vortragsräume (zur Referentenbeschaffung siehe auch Kap. 2, Stufe II »Planung und Organisation«).

Prominente Gäste und »VIPs« als Öffentlichkeitsfaktoren

Personen wie Ehrengäste, offizielle Regierungsvertreter oder prominente Hauptreferenten schaffen Öffentlichkeit. Der Auftritt eines prominenten Redners hat Nachrichtenwert und kann eine Veranstaltung einer breiteren Öffentlichkeit bekannt machen. Die Auswahl solcher Personen sollte daher nicht nur nach inhaltlichen Erwägungen, sondern auch im Hinblick auf ein wirkungsvolles Marketing erfolgen.

VIPs erwarten eine besondere Betreuung

Als »very important persons« erwarten diese Personengruppen eine besondere Betreuung, nicht nur durch den Organisator, sondern und vor allen Dingen auch durch den Veranstalter. Oft sind hier protokollarische Vorgaben und Regeln sowie Sicherheitsvorkehrungen zu beachten.

Als gesonderter Raum sollte diesen Gruppen eine »VIP-Lounge« zur Verfügung stehen.

Aussteller veranschaulichen Inhalte und Botschaften

In Verbindung mit einer eine Tagung begleitenden Ausstellung ist es wichtig, die Aussteller in die inhaltliche Konzeption der Veranstaltung, ihren zeitlichen Ablauf und in die Raumplanung einzubinden.

Das Angebot »Ausstellung« muss auf das Interesse der Besucher stoßen, thematisch mit dem Kongressthema in Verbindung stehen und es anschaulich umsetzen, eine zugkräftige Botschaft darstellen und die Möglichkeit bieten, die Besucher individuell anzusprechen.

Externe Dienstleister

In der Regel sind Veranstalter auf die Unterstützung von externen Dienstleistern angewiesen

In der Regel verfügt der Veranstalter weder über die umfassende Kompetenz noch über die personellen Ressourcen, um die gesamte Veranstaltung allein organisieren und durchführen zu können, sondern ist auf die Unterstützung von externen Dienstleistern und/oder Kooperationspartnern angewiesen (siehe auch Teil A, Kap. 2.5).

Die Vor- und Nachteile, Catering, Veranstaltungstechnik, Unterbringung etc. einzelnen Dienstleistern oder Full-Service-Anbietern wie Werbe- und Eventagenturen zu überantworten, muss der Veranstalter genau abwägen. Werden Gesamtorganisation und -durchführung an eine Agentur übertragen, sollte durch eine umfassende und reibungslose Kommunikation zwischen Veranstalter und Dienstleister sichergestellt sein, dass die Veranstaltung auch so umgesetzt wird, wie der Auftraggeber sie sich vorstellt.

Presse und Medien als Multiplikatoren

Ein Kongress soll immer auch über die unmittelbar beteiligten Personen hinauswirken

Ein Kongress soll immer auch über die unmittelbar beteiligten Personen hinauswirken. Es ist in der Regel wünschenswert, dass spezifische Inhalte, Lösungen oder aktuelle Problemstellungen in eine mehr oder weniger breite Öffentlichkeit getragen werden. Die Zusammenarbeit mit den Medien ist daher schon in der Vorbereitung der Veranstaltung von großer Bedeutung (siehe hierzu auch Kap. 4).

unterschiedliche Akkreditierungsrichtlinien

Es gibt unterschiedliche Akkreditierungsrichtlinien (Regelung der Zulassung) welche Medienvertreter in welcher Form Zugang zu welchen Veranstaltungen bekommen:

- Einladung zur Pressekonferenz,
- Zulassung zur Eröffnung und Schlusssitzung,
- Zulassung zu Expertenrunden, Workshops,
- Begrenzung der Zulassung auf ein bestimmtes Medium,
- Begrenzung der Zulassung auf eine bestimmte Person.

Ein gesonderter Informationscounter, der sich intensiv um die Wünsche der Presse- und Medienvertreter kümmert, entsprechendes Material bereithält, Interview-Termine vermittelt, Fotos zur Verfügung stellt etc. ist zu empfehlen.

Ein Pressebüro, ausgestattet mit der notwendigen Kommunikationstechnik und Erfrischungen, sollte als Arbeitsraum zur Verfügung gestellt werden. Ein Ansprechpartner aus der Organisation des Veranstalters sollte hier als Presseverantwortlicher Rede und Antwort stehen.

2 Planung und Organisation

Um eine zielgruppenadäquate Planung und einen reibungslosen Veranstaltungsablauf zu gewährleisten, ist es sinnvoll, die notwendigen Planungsschritte in folgende vier Planungsstufen zu gliedern:

vier Planungsstufen

- Grundsatzplanung,
- Organisationsplanung,
- Veranstaltungsvorbereitung,
- Veranstaltungsdurchführung.

Die spezifischen Abläufe werden im Folgenden dargestellt.

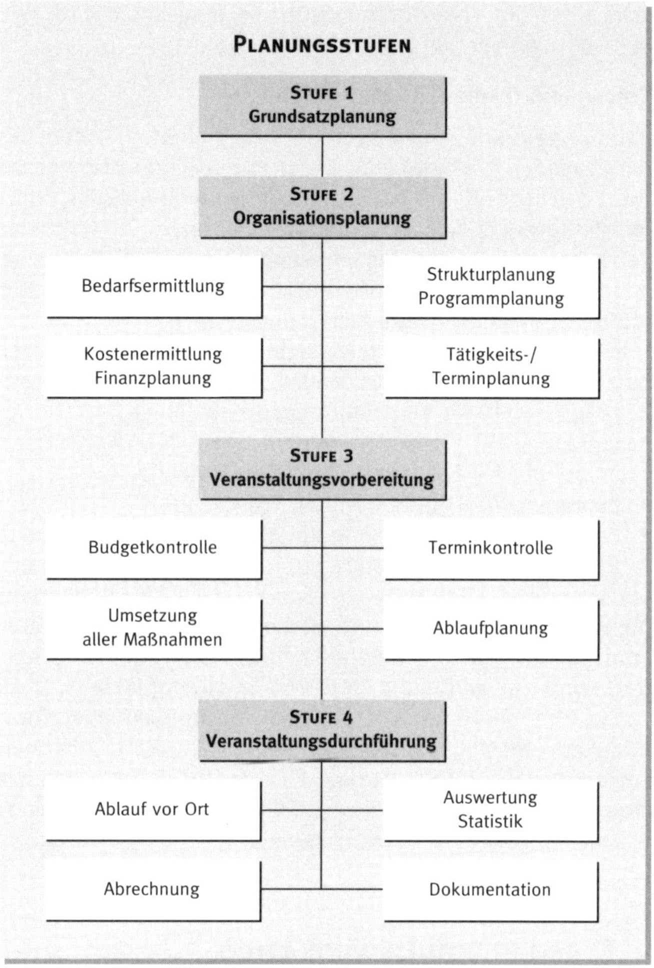

Abb. 2.1: Die Inhalte der vier Planungsstufen

Stufe I: Die Grundsatzplanung

Alle organisatorischen Maßnahmen sind abhängig von der grundlegenden Planung und Konzeption der inhaltlichen Gestaltung der Veranstaltung.

Daraus leiten sich die Veranstaltungsformen und die organisatorischen Anforderungen ab. Die Grundsatzplanung gehört zu den originären Aufgaben des Veranstalters, er setzt die Veranstaltungsziele, der professionelle Veranstaltungsmanager kann ihn beratend unterstützen.

Die Grundsatzplanung gehört zu den originären Aufgaben des Veranstalters

1. Zielsetzung

Am Anfang aller Planungen steht die Festlegung der Zielsetzung. Was will der Veranstalter mit seiner Veranstaltung erreichen? Im Allgemeinen lassen sich fünf Kernziele von Veranstaltungen unterscheiden:

- Innovation,
- Motivation,
- Information,
- Entscheidung,
- Verkauf.

DAS ZIEL BESTIMMT DIE GESTALTUNG VON VERANSTALTUNGEN – DAS VERANSTALTUNGSDESIGN.

Unabhängig davon, ob nun ein internationaler wissenschaftlicher Kongress vorbereitet wird, eine Firmenkonferenz, die Jahrestagung eines nationales Verbandes, eine Ausstellung oder eine andere Veranstaltung, sind einige grundsätzliche Planungsabläufe für alle Veranstaltungstypen gleichermaßen gültig.

2. Die Analyse der Ausgangslage

Für die Planung von Veranstaltungen ist zu Beginn der Grundsatzplanung die Analyse der Ausgangslage von besonderer Bedeutung. Soll ein einmaliges Tagungsereignis stattfinden? Handelt es sich um eine völlig neue Veranstaltung, die dauerhaft eingeführt werden soll oder um eine schon eingeführte periodisch stattfindende Veranstaltung?

Im Rahmen welcher grundsätzlichen Ausgangsbedingungen findet die Veranstaltung statt?

Bei völlig neu zu konzipierenden Veranstaltungen ist der klassische Ansatz sinnvoll. Folgende Punkte sind hier grundsätzlich zu klären:

- Gibt es einen Bedarf für die Veranstaltung?
- Welches sind die Zielgruppen?
- Gibt es ein konkurrierendes Angebot am Markt?
- Mit welchem Produkt, welchen Mitteln, Methoden, Kosten kann eine Veranstaltung im Markt Erfolg haben?

Bei schon eingeführten Veranstaltungen lassen schon vorhandene Unterlagen Rückschlüsse auf »Veranstaltungsgewohnheiten« zu

Vielfach geht es jedoch um gewachsene und schon eingeführte Veranstaltungen. Hier gibt es schon Vorgänger und damit Unterlagen wie Programmheft, Organisationsanleitungen, Abschlussberichte, Budgets etc., die sich beschaffen und analysieren lassen. Zu erkennen sind der Projektverlauf, die Kommunikationsformen und das gesamte Veranstaltungsdesign.

Art und Umfang der Veranstaltung lassen Rückschlüsse zu auf bestimmte »Veranstaltungsgewohnheiten«, den Termin, die Dauer, die Kapazität der Veranstaltungsstätte, Anzahl der benötigten Räume, Teilveranstaltungen, Teilnahmebedingungen und Gebühren.

Bei sorgfältiger Auswertung kann die erfahrene Tagungsfachkraft für den Veranstalter Empfehlungen über eventuelle Programmänderungen, Verbesserung der Abläufe, Einführung neuerer Kommunikationsformen erarbeiten.

Aus detaillierten Unterlagen lässt sich erkennen, welche vertraglichen Verpflichtungen für den Veranstalter bestehen. Ein erstes Grobbudget kann erstellt werden und die Grundsatzplanung stützen.

3. Zielgruppen

Anhand der Zielsetzung und der Themenwahl werden die Zielgruppen definiert. Verteilerlisten/Adressenlisten von einzelnen Personen, von Verbänden, Institutionen, Behörden, Firmen werden zusammengestellt und gegebenenfalls auch bei entsprechenden Adressanbietern gekauft und bei der Teilnehmereinwerbung berücksichtigt.

Von den ins Auge gefassten Zielgruppen hängen ab:

Welche Interessen und Ansprüche haben die Zielgruppen?

Wie können sie erreicht werden?

- die Gestaltung von Inhalt und Programmablauf,
  (Was interessiert die Zielgruppen? Haben sie schon ein Problembewusstsein entwickelt, an das sich anknüpfen lässt oder muss Interesse erst noch geweckt werden?)
- die Marketingmaßnahmen,
  (Wie und mit welchen Mitteln lassen sich die Zielgruppen erreichen und ansprechen?)
- die Auswahl von Ort, Zeit und Art der Tagungsstätte.
  (Welche Termine können die Zielgruppen wahrnehmen? Welche Räumlichkeiten sind erforderlich? Welche Destinationen sind attraktiv und gut erreichbar? Welches Rahmenprogramm ist dort durchführbar?)

4. Inhaltliches Konzept

Die Festlegung der Zielgruppen der Veranstaltung ist maßgebend für das inhaltliche Konzept. Abhängig vom Bedarf und den Bedürfnissen der Zielgruppen werden
- aktuelle Themen erarbeitet und festgelegt,
- anerkannte Referenten verpflichtet,
- übersichtliche und didaktisch überzeugende Präsentationen und eine entsprechende Programmgestaltung entwickelt,
- geplante und organisierte Diskussionen konzipiert.

Qualitätskriterien für das Gelingen einer Veranstaltung

Die Veranstaltung erhält ihre Qualität durch das didaktische Arrangement:
- eine minuziös geplante Dramaturgie,
- flexible Dialogfähigkeit (Aktion – Reaktion),
- adäquaten Methodenwechsel,
- lernfördernde und kommunikative Didaktik,
- funktionale Technik,
- kommunikationsfreundliche Atmosphäre.

Die zu befördernden Inhalte und Themen müssen mit Blick auf die Teilnehmer wrkungsvoll umgesetzt werden

Im Rahmen einer effizienten Veranstaltung können sich die Teilnehmer z.B. nach der Eröffnung und Einführung in die Problematik in kleinere Strukturen aufteilen, indem sie zur Bearbeitung einer Themenreihe Arbeitsgruppen bilden. In gleicher Weise arbeitet sich der Kongress nun wieder von den kleinen Strukturen zurück bis hin zur Schlusspräsentation der Ergebnisse im Plenum. Diese Arbeitsweise ermöglicht, dass auch bei einer hohen Teilnehmerzahl vorhandenes Wissen freigelegt, kanalisiert und der Allgemeinheit zur Verfügung gestellt wird (siehe hierzu auch Teil B).

So kann auch ein intensiver Meinungsaustausch stattfinden und ein sinnvoller Weg von der Kommunikation zur Diskussion beschritten werden. Damit dies sachgerecht und zielgruppenadäquat gelingt, sind allerdings folgende Anforderungen zu beachten:

Moderatoren leiten und steuern die Kommunikationsprozesse

- Neben Fachreferenten werden Moderatoren benötigt, die Kommunikationsprozesse initiieren, anleiten und steuern.
- Fachreferent und Moderator müssen vor dem Kongress eingehend gebrieft werden (enge Verknüpfung von Zielsetzung des Kongresses zum Wissenstransfer).
- Geplante Präsentationsabläufe sind im Vorfeld auf Funktion und Effektivität hin zu prüfen.

5. Tagungsform/-ort und Ablaufstruktur

Strukturelles Gerüst für die Vermittlung und Erarbeitung der Inhalte

Nach Festlegung der Themenbereiche und Themenvielfalt, Überlegungen zu ihrer Umsetzung und der Wahl von Referenten und Moderatoren wird diesen Anforderungen entsprechend unter Berücksichtigung der Zielsetzung und der Zielgruppen die Tagungsform und Struktur festgelegt.

Zusammen mit dem Programmkomitee ist darauf zu achten, dass die entsprechenden Informationen die Teilnehmer auch erreichen.

Vortragsdauer, Methoden, Medieneinsatz etc. sind auf die Zuhörer abzustimmen.

6. Programm

Um den Kern des eigentlichen Vortragsprogramms herum werden nun die weiteren Veranstaltungsteile des Rahmenprogramms wie Ausstellung, Empfänge, Festabend, Ausflüge, Fachexkursionen etc. geplant und der Gesamtprogrammablauf wird festgelegt.

7. Veranstaltungsdesign

Festlegung der Gesamtstruktur einer Veranstaltung

Die bisherigen Überlegungen abschließend, kann nun das Veranstaltungsdesign festgelegt werden. Darunter versteht man die Gesamtstruktur einer Veranstaltung, ihre Art und Form, ihren organisatorischen Ablauf, sämtliche Teile der Veranstaltung, ihren Rahmen und ihr Ambiente.

Die endgültige und detaillierte Festlegung des Veranstaltungsdesigns hat letztendlich wiederum Auswirkungen auf
- die Auswahl des Kongressortes,
- die Auswahl der Veranstaltungsstätte,
- die Terminfestlegung,
- die Finanzplanung.

Hier sind naturgemäß durch die einzelnen Veranstaltungstypen unterschiedliche Ausgangslagen gegeben.

Ein internationaler wissenschaftlicher Kongress, der über Jahrzehnte eine gewachsene Struktur ausgebildet hat, lässt verhältnismäßig wenig Spielraum für neue Planungen. Eine Verbands-Jahrestagung, eine Aktionärsversammlung einer Firma, die teilweise gesetzlichen Bestimmungen unterliegen, haben ein festgelegtes Programmraster. Dagegen bietet etwa eine Firmen-Präsentation neuer Produkte relativ große Spielräume für die Konzeptentwicklung und Gestaltung.

Eine gründliche Analyse der Gegebenheiten im Rahmen der Grundsatzplanung ist somit jeweils unerlässlich, bevor die weiteren Planungsschritte eingeleitet werden können.

Stufe II: Die Organisationsplanung

Nach der Festlegung der Grundsatzplanung wird die Projektplanung weiter detailliert ausgearbeitet. Der professionelle Veranstaltungsmanager kann in der Organisationsplanung wichtige Beratungshilfe für den Veranstalter leisten.

Die Projektplanung wird weiter detailliert ausgearbeitet

Je enger die Organisationsplanung zeitlich der Grundsatzplanung folgt, desto früher und sicherer kann die eigentliche Realisierung der Aufgaben erfolgen.

Im Rahmen der Organisationsplanung müssen folgende Punkte geklärt werden:

- die Strukturplanung, d.h. die Festlegung der Zuständigkeiten,
- die Programmplanung,
- die Bedarfsermittlung der gesamten Organisation und
- eine davon abhängige Tätigkeits- und Terminplanung,
- die daraus folgende Kostenermittlung und Finanzplanung.

1. Strukturplanung

Die Organisationsstruktur wird in einem Strukturplan (Organigramm) dargestellt. Im Rahmen des Projektaufbaus erfolgt die Strukturierung der Beteiligten, der Organisationsteams und der Sachbereiche. Hier werden je nach Veranstaltungsart z.B. bei einer Firmentagung Projektteams und Arbeitsgruppen gebildet, Verantwortlichkeiten zugewiesen oder bei einem internationalen wissenschaftlichen Kongress verschiedene Komitees gebildet.

Der professionelle Veranstaltungsmanager kann bei der Erstellung der Organisationsstruktur hilfreiche Beratung leisten. Er trifft Aussagen darüber, für welche Aufgaben welche Gremien zu bilden sind und welche Sachkompetenz diese haben müssen.

Die rein personelle Besetzung sollte natürlich der Veranstalter selbst vornehmen, da nur er die Qualifikation und die Verfügbarkeit seiner Kollegen und seiner Mitarbeiter kennt.

Der Strukturplan schafft Klarheit über die Kompetenzen der handelnden Personen und die Teilbereiche der Gesamtorganisation

Nachfolgendes Organigramm zeigt das Beispiel eines Strukturplans für einen internationalen wissenschaftlichen Kongress. Der Strukturplan schafft Klarheit über die Kompetenzen und Beziehungen der handelnden Personen und die Teilbereiche der Gesamtorganisation.

Hauptveranstalter ist hierbei der internationale Verband, der die Aufgaben der Organisation seinem nationalen Mitgliedsverband überträgt.

Beim Aufbau einer Strukturplanung geht es um die Verdeutlichung klarer Kompetenzen und Weisungsbefugnisse. Somit werden alle von dem internationalen Verband gewünschten oder vorgegebenen Maßnahmen ausschließlich der Kongressleitung des nationalen Verbandes übertragen.

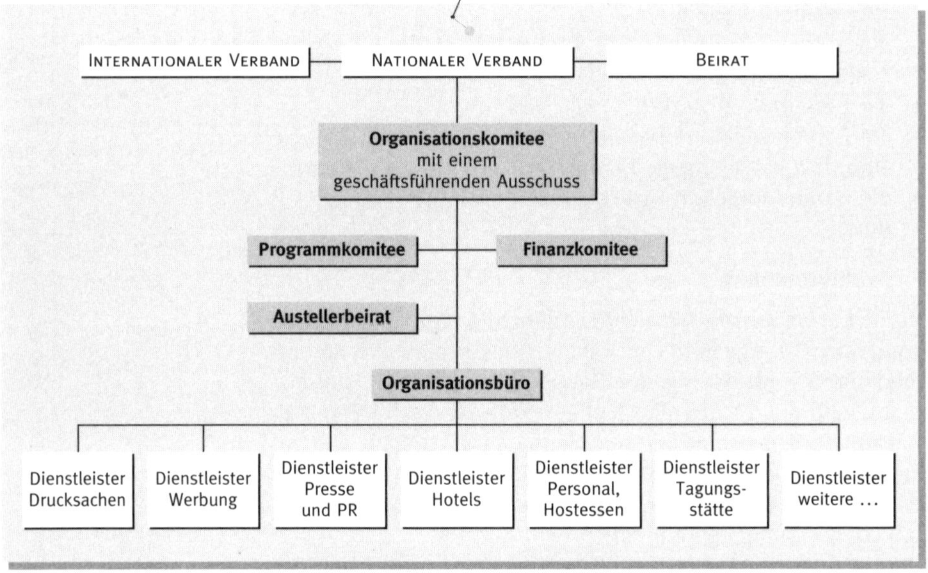

Abb. 2.2: Beispiel eines Strukturplans für einen internationalen wissenschaftlichen Kongress.

In vielen Verbänden ist auf besonders verdiente Persönlichkeiten Rücksicht zu nehmen. Um einerseits ihre Erfahrungen und Verbindungen in die Organisation einzubeziehen, andererseits den Organisationsablauf klar gestalten zu können, empfiehlt es sich, außerhalb des eigentlichen Organisationskomitees ein Ehrenpräsidium oder ein Ehrenkomitee einzurichten. Die Kommunikation mit diesem geschieht auch ausschließlich durch die Kongressleitung.

Organisationskomitee (Legislative)

Die zentralen Funktionen aller Organisationsmaßnahmen laufen im Organisationskomitee zusammen

Die zentralen Funktionen aller Organisationsmaßnahmen laufen in der Kongressleitung, dem Organisationskomitee, zusammen. Dieses Gremium wird in der Regel durch den Kongresspräsidenten geleitet.

Da diese Organisationsform häufig eine Größenordnung von 15 bis 20 Personen umfassen kann und so eine straffe, zeitgerechte Arbeit nur schwer sicherzustellen ist, empfiehlt es sich, aus dem Kreis des Gesamtkomitees einen kleinen geschäftsführenden Ausschuss zu bilden.

Geschäftsführender Ausschuss

Handlungsvollmacht für kurzfristige Entscheidungen zwischen den Sitzungen des Gesamtkomitees

Der geschäftsführende Ausschuss hat Handlungsvollmacht für kurzfristige Entscheidungen zwischen den Sitzungen des Gesamtkomitees. Er könnte z. B. aus dem Kongresspräsidenten sowie den Vorsitzenden des Programm- und des Finanzkomitees bestehen.

Programmkomitee

Die Planung des inhaltlichen wissenschaftlichen Programms ist bei internationalen Kongressen ein zeitaufwändiger Vorgang. Das Programmkomitee kann bei einem breiten Themenspektrum auch in Sub-Komitees und entsprechende Fachkreise unterteilt werden.

Der Leiter des Programmkomitees sollte in jedem Fall Mitglied des Organisationskomitees und ein Experte im Hinblick auf die Inhalte sein.

Aufgaben des Programmkomitees

Das Programmkomitee

- entwickelt die Programm- und Themenstruktur der Veranstaltung,
- prüft laufend die Aktualität der Themen,
- schlägt Hauptreferenten zu einzelnen Themenbereichen vor,
- erarbeitet die Kriterien und Vorgaben für weitere Referenten,
- bewertet die eingereichten Vortragsbeiträge und
- entscheidet über die Zulassung der angemeldeten Referenten.

Es wird geprüft, ob und wie die anzusprechenden Personengruppen für Themen interessiert und motiviert werden können

Alle im Rahmen der Zielsetzung zu behandelnden Einzelthemen werden daraufhin geprüft, ob und wie die Personengruppen, die angesprochen werden sollen, für das entsprechende Thema interessiert und motiviert werden können.

Sämtliche Entscheidungen des Programmkomitees sind innerhalb des Organisationskomitees endgültig abzustimmen und auf die Gesamtorganisation hin zu überprüfen.

Finanzkomitee

Die Finanzverwaltung und Mittelbeschaffung für große internationale Veranstaltungen erfordert ein hohes Maß an Sachkenntnis. Der Leiter des Finanzkomitees ist in der Regel Schatzmeister im Organisationskomitee.

Aufgaben des Finanzkomitees

Das Finanzkomitee
- organisiert die Budgeterstellung,
- nimmt die regelmäßige Budgetüberwachung vor,
- empfiehlt die endgültige Verabschiedung eines Budgets und die Festsetzung der Teilnehmergebühren,
- beschafft gegebenenfalls öffentliche Zuschüsse oder Ausfallbürgschaften, Zwischen- und Vorfinanzierungsmittel, Sponsoren und Spenden.

Alle Maßnahmen werden jedoch im Organisationskomitee verabschiedet und beschlossen.

Ausstellerbeirat

Der Ausstellerbeirat berät in Bezug auf kongressbegleitende Messen

Wenn dem Kongress beispielsweise eine größere Industrie-Ausstellung angeschlossen ist, wird deren Effizienz durch die Einberufung einiger namhafter Persönlichkeiten aus der beteiligten Industrie in einen Ausstellerbeirat erhöht. Dieser Ausstellerbeirat wird von einem Mitglied des Organisationskomitees geleitet.

Der Ausstellerbeirat berät das Organisationskomitee
- in Fragen der thematischen Gestaltung der Messe und ihrer inhaltlichen Verknüpfung zum Kongress,
- hinsichtlich der Einwerbung von ausstellenden Firmen,
- hinsichtlich der Festlegung der Ausstellungsmieten,

- wie eine hohe Ausstellerbeteiligung erreicht werden kann,
- wie die Akzeptanz im Bereich der Wirtschaft gesichert wird.

Organisationsbüro (Exekutive)

Alle geplanten und beschlossenen Organisationsmaßnahmen des Organisationskomitees und seiner Sub-Komitees/Fachkreise fließen zur Realisierung in einem Organisationsbüro zusammen.

Das Organistionsbüro setzt die beschlossenen Maßnahmen um

Das Organisationsbüro ist die Exekutive des Organisationskomitees.

Zwei Modelle sind für die Umsetzung von großen internationalen Veranstaltungen denkbar:

- Der Veranstalter richtet selbst ein eigenes Organisationsbüro ein, das mit fachkundigem Personal besetzt sein muss.
- Ein Kongressorganisator, eine Agentur/PCO wird mit der Durchführung betraut.

Der Veranstalter richtet selbst ein Organisationsbüro ein oder delegiert die Durchführung an eine Agentur

Der PCO übernimmt die Geschäftsstelle. Neben dieser Tätigkeit ist er auch Berater des Organisationskomitees.

In Bezug auf die Kommunikation zwischen Auftraggeber, Veranstalter und Organisationskomitee einerseits und die Kommunikation zwischen den einzelnen Komitees und dem Organisationsbüro andererseits sind einige Grundsätze zu beachten:

- Der Leiter des Organisationsbüros nimmt Weisungen grundsätzlich nur von einer Person, dem Leiter des Organisationskomitees, entgegen.
  In der Praxis wird der PCO auch mit allen anderen Komitees zu tun haben, sollte von diesen jedoch grundsätzlich keine Aufträge entgegennehmen, oder – wenn in Einzelfällen unvermeidbar – sich diese vom Leiter des Kongresses bestätigen lassen.
- Der PCO erfüllt seine Leistungen grundsätzlich im Auftrag und auf Rechnung des Veranstalters.
  Im Rahmen der praktischen Abwicklung erteilt das Organisationsbüro/der PCO auch Aufträge an fremde Dienst-

leister. Das erfolgt jedoch nur nach Auftrag durch den Kongressveranstalter und ohne eigenes Obligo.
Ausnahmen hiervon können sein:
- die Hotelvermittlung,
- das Rahmenprogramm,
- die Ausstellungsdurchführung,

wobei der PCO in diesen Bereichen auch Leistungen auf eigene Rechnung und eigenes Risiko erbringen kann.

2. Programmentwicklung/Referentenbeschaffung/ Programmplanung

Die Grundsatzplanung gibt für eine Veranstaltung gewissermaßen die »Unternehmensphilosophie« vor

Die Programmentwicklung wird nach den Richtlinien der Gundsatzplanung vorgenommen. Diese gibt für eine Veranstaltung gewissermaßen die »Unternehmensphilosophie« vor. Zur Umsetzung des Grundkonzepts wird im Programmkomitee die Grundsatzplanung in das inhaltliche Konzept übernommen.

Um Referenten zu gewinnen, wird eine Einladung mit der Bitte um die Kurzfassung eines gewünschten Vortrages, der so genannte CALL FOR ABSTRACTS, verschickt.

Das Programmkomitee bewertet die Kurzfassung eines möglichen Vortrages – CALL FOR ABSTRACTS

Die potenziellen Referenten reichen auf einem besonderen Formular (zunehmend auch digital oder online) einen Entwurf ihres geplanten Vortrages ein.

Das Programmkomitee bewertet diesen und entscheidet über
- Annahme oder Ablehnung,
- die Zuordnung zu Veranstaltungselementen (Plenum, Workshop etc.),
- die Art der Präsentation.

Die eingeladenen Referenten werden für bestimmte Hauptthemen als KEYNOTE-SPEAKER in Plenarsitzungen oder als Hauptredner in Subplenarien oder Workshops eingeplant.

Neben den Hauptreferenten können auch weitere Referenten zugelassen werden.
Grundsätzlich werden unterschieden

Hauptreferenten – INVITED SPEAKER
Nebenreferenten – ACCEPTED SPEAKER

- Hauptreferenten (eingeladene Referenten; sog. INVITED SPEAKER),
- Nebenreferenten (angenommene Referenten; sog. ACCEPTED SPEAKER).

Im Falle einer hohen Zahl eingereichter und akzeptierter Beiträge, können die Referenten neben dem zeitlich begrenzten Vortragsprogramm ihre Beiträge zusätzlich im Rahmen einer Poster Exhibition darstellen oder auch im Rahmen einer Poster Session persönlich durch einen Kurzvortrag präsentieren.

Die Didaktik und die Kommunikationsmethoden werden zwar durch Vorgabe der Grundstruktur des Programms als Rahmen festgelegt, der einzelne Referent bestimmt aber individuell über den Aufbau seines Beitrages und die eingesetzten technischen Mittel sowie die Präsentation.

Das Programmkomitee stellt nach Abschluss der Auswahl der Referate das vorläufige Programm zusammen

Das Programmkomitee stellt nach Abschluss der Auswahl der Referate das vorläufige Programm zusammen. Dies kann bestehen aus

- Plenarsitzungen mit Einleitungs-/Übersichtsvorträgen, Hauptvorträgen (Key-notes/Invited papers),
- Vortragsveranstaltungen mit Einzelvorträgen,
- Subplenarien (Presented papers),
- Diskussionen,
- Kurzbeiträge (Discussion papers),
- Workshops z. B.
  - mit Einführungsvortrag und Co-Referat
  - Kurzbeiträge – Pro und Contra-Diskussionen
- Poster Sessions

Die Vorträge werden zu Sitzungseinheiten zusammengefasst und zeitlich gegliedert.

Über das Anmeldeformular lässt sich das Interesse der Teilnehmer an einzelnen Sitzungen erfragen.

Für das endgültige Kongressprogramm erfolgt dann die Verteilung der Einzelsitzungen auf die Tagungsräume. Dabei kann anhand der Voranmeldungen die Raumgröße bestimmt werden (Raumbelegungsplan).

Empfehlungen für einen Programmablauf

Grundstruktur:

- feste, wiederkehrende Zeitblöcke mit 1,5 Std. Vortragsprogramm und 0,5 Std. Pause,
- 1,5 bis 2 Std. Mittagspause,
- Besuch der Ausstellung als eigenen Programmpunkt mit zugeordnetem Zeitblock.

Bei Ausfall von Referenten sollte man vermeiden, nachfolgende Beiträge vorzuziehen, sondern eine Pause einlegen oder gleichwertigen Ersatz anbieten!

Für bestimmte Vortragsarten können folgende Zeiten eingeplant werden:

Hauptvorträge	25 Minuten
Diskussion	20 Minuten
= 2 in einem Block	45 Minuten
Vertiefende Vorträge	15 Minuten
Diskussion	5 Minuten
= 4 in einem Block	20 Minuten
Kurzvorträge	5 Minuten
Diskussion	5 Minuten
= 9 in einem Block	10 Minuten
Workshops Einführung	20 Minuten
Co-Referat	10 Minuten
Diskussion	60 Minuten
= 1 Block	90 Minuten

Beispiel für ein Programmraster

Datum/Zeit	Saal 1 Plenum	Saal2 Workshop	Saal 3 Workshop	Saal 4 mit Foyer
1. Tag 14.00–20.30 h 18.00–20.30 h	Registrierung Empfang/Get-together			
2. Tag 08.00–09.00 h	Registrierung			
09.00–10.30 h 09.00–09.15 h 09.15–09.30 h 09.30–09.45 h 09.45–10.30 h	Eröffnung Willkommen Grußwort Bürgermeister Grußwort Minister Einführungsvortrag und Diskussion			

10.30–11.00h	Pause			Eröffnung der Ausstellung und der Poster Sessions
11.00–12.30h	Plenum Sitzung A1 2 Vorträge à 25 Min. 2 x Diskussion à 20 Min.	Workshops WS A1	Workshops WS B1	Poster Session Besuch der Ausstellung Forum
12.30–14.30h	Mittagspause Expertentreff/Speaker's Corner			
14.30–16.00h	Plenum Sitzung A2 2 Vorträge à 25 Min. 2 x Diskussion à 20 Min.	Workshops WS A2	Workshops WS B2	Poster Session Besuch der Ausstellung
16.00–16.30h	Pause			
16.30–18.00h	Plenum Sitzung A3 2 Vorträge à 25 Min. 2 x Diskussion à 20 Min.	Workshops WS A3	Workshops WS B3	Poster Session Besuch der Ausstellung Forum
20.00–01.30h	Abendveranstaltung in der Fischauktionshalle			
3. TAG 09.00–10.30h	Plenum Sitzung A4 2 Vorträge à 25 Min. 2 x Diskussion à 20 Min.	Workshops WS A4	Workshops WS B4	Poster Session Besuch der Ausstellung Forum
10.30–11.00h	Pause			
11.00–12.30h	Plenum Sitzung A5 2 Vorträge à 25 Min. 2 x Diskussion à 20 Min.	Workshops WS A5	Workshops WS B5	Poster Session Besuch der Ausstellung
12.30–14.30h	Mittagspause Expertentreff/Speaker's Corner			

14.30–16.00 h	Plenum Zusammenfassung der Ergebnisse aus den Workshops und dem Plenum Berichte • den Poster Sessions • aus den Ausstellerforen			
16.00–16.15 h	Schlusswort			

3. Bedarfsplanung

Bedarfsermittlung und Bedarfsfestlegung sind bei großen Projekten mit mehrjähriger Vorbereitungszeit ein Prozess, der für einzelne Dienst-, Sach- und Personalleistungen zu verschiedenen Zeiten unterschiedliche Aktivitäten auslöst.

Aufgrund der Analysen und Auswertungen aller Unterlagen kann eine Bedarfseinschätzung erfolgen

Aufgrund der Analysen und Auswertungen aller Unterlagen kann eine Bedarfseinschätzung erfolgen. Diese ist Grundlage für die Kosteneinschätzung und die Erstellung eines Budgetentwurfes und eine erste Finanzplanung.

Die Beschaffung der Tagungsräume und Hotelkontingente erfolgt per Miet-/Kontingentvertrag sehr früh im Projektplanungsverlauf (3 bis 4 Jahre). Die Bestellung eines Dolmetscherteams sollte spätestens ein Jahr vor der Veranstaltung per Vertragsabschluss gesichert werden.

Für die konkrete Beschaffung ist das übliche Ausschreibungsverfahren vorzusehen

Für die konkrete Beschaffung ist jedoch das übliche Ausschreibungsverfahren vorzusehen:

- Erstellen der Leistungsbeschreibung, eines Pflichtenheftes,
- Auswahl der Dienstleister auch unter Berücksichtigung von Veranstalterwünschen oder bei Firmen der »Preferred Partner«,
- Ausschreibung/Angebotsanfrage,
- Angebotsvergleich,
- Empfehlung an den Veranstalter,
- Erteilen des Auftrages (Dienst-, Werk-, Kauf- oder Mietverträge).

Soweit es sich um Projekte/Veranstaltungen handelt, die öffentliche Fördermittel erhalten, sind die Bedingungen der VOL (Verdingungsordnung für Leistungen) oder bei Baumaßnahmen die Bestimmungen der Verdingungsordnung für Bauleistungen (VOB) einzuhalten.

4. Tätigkeits- und Terminplanung

Die Planung der einzelnen Aktivitäten und Maßnahmen aufgrund der Bedarfsermittlung, deren Dauer und Zeiträume sowie die Zuordnung von Ressourcen (Material, Personal, Dienstleister) bilden die ersten Inhalte des Tätigkeits- und Terminplanes.

Die genaue Berücksichtigung der bestehenden Abhängigkeiten eröffnet die Möglichkeit, unter verschiedenen Gesichtspunkten den besten Weg zum Ziel festzulegen.

Dabei werden nicht nur die vom technischen Ablauf bedingten Abhängigkeiten berücksichtigt, auch die durch Personalkapazität und Lieferzeit bedingten Abhängigkeiten lassen sich einplanen und darstellen.

Vor- und Nachlaufzeiten, Reservezeiten sind einzukalkulieren.

Zeit steht nicht beliebig zur Verfügung. Sie ist keine Ware, die im Versäumnisfall nachgeordert werden kann.
So können z. B.

- die Nichteinhaltung eines wichtigen Termins,
- der verspätete Versand von Einladungen,
- der verspätete Beginn einer Werbekampagne,
- die ungeklärte Bereitstellung der finanziellen Mittel

kritisch werden, wenn diese Auswirkungen kumulierende Effekte auslösen. Eine Lawine von Engpässen zerstört das sorgsam aufgebaute Planungsschema. Die Verantwortlichen werden zu umfangreichen Improvisationen gezwungen.

Jede Veranstaltung unterscheidet sich von einer anderen durch verschiedene Kriterien, sodass ein allgemein gültiger Zeitplan oder eine verbindliche Checkliste etc. nicht aufgestellt werden können. Das Planungsinstrument muss vielmehr den jeweiligen Anforderungen der Veranstaltung entsprechend erstellt werden.

Ein allgemein gültiger Zeitplan oder eine verbindliche Checkliste können nicht aufgestellt werden

5. Finanzplanung

Auf der Basis der Bedarfsermittlung wird eine erste Kostenschätzung vorgenommen.

Auf der Basis der Bedarfsermittlung wird eine erste Kostenschätzung vorgenommen

Zusammen mit dem Leiter des Finanzkomitees (Schatzmeister) werden mögliche Einnahmequellen erörtert und Erlöse geschätzt. Neben den Teilnehmergebühren, die marktgerecht und für die Zielgruppen akzeptabel sein müssen, können z. B. über Anzeigen, Werbeartikel, Sponsoring Einnahmen erzielt werden. Möglichkeiten für öffentliche Fördermittel werden geprüft. Anträge hierzu müssen sehr frühzeitig, mindestens 1,5 Jahre vor einer Veranstaltung gestellt werden (zur Finanzierung siehe auch Kap. 3).

Diese Schätzwerte für Kosten und Einnahmen werden in einem Budgetentwurf festgehalten.

Ein Liquiditätsplan gibt Aufschluss darüber, wann welche Kosten und Einnahmen fällig werden

Ein Liquiditätsplan gibt Aufschluss darüber, wann welche Kosten und Einnahmen fällig werden. Eine sich daraus ableitende Vorfinanzierung muss sichergestellt, die entsprechenden Mittel eingestellt werden, beispielsweise entweder über

- Eigenmittel des Veranstalters,
- Bürgschaften,
- Kredite,
- Teilzahlung für Standmieten,
- Sponsoring.

BUDGETPLANUNG

DAS BUDGET EINER VERANSTALTUNG IST DAS SPIEGELBILD ALLER ORGANISATORISCHEN MASSNAHMEN.

Es ist abhängig von

- der Grundsatzplanung
- der Bedarfsermittlung/Organisationsplanung
- der Zeitplanung
- der Ablaufplanung

Auf der Basis der Angebote und konkreter Aufträge wird das Budget laufend angepasst und aktualisiert

Das erste Grobbudget entsteht anhand von Analysedaten und Erfahrungswerten. Es beinhaltet Kosten und Einnahmen. Auf der Basis der Angebote und konkreter Aufträge wird das Budget laufend angepasst und aktualisiert.

Bei den Kosten unterscheidet man die

- direkten, veranstaltungsbezogenen Kosten,
- indirekten Kosten, die ein Teilnehmer oder eine Firma hat (Verdienstausfall, Umsatzausfall, Abwesenheit von der Arbeitsstelle).

Die veranstaltungsabhängigen Kosten unterscheiden sich wiederum in

- Fixkosten (u. a. Räume, Technik, Werbung, Organisationskosten),

- variable Kosten pro Teilnehmer (Registrierung, Gastronomie, Tagungsmappe, Abendveranstaltung)

Die Gliederung der Kosten ist zum Teil auch abhängig von der Administration des Veranstalters, vom Kontenrahmen, der Zuordnung zu Kostengruppen innerhalb seiner Buchhaltung.

Mögliche Kostengruppen sind:

A KOSTEN

1. Organisationskomitee/Veranstalter
1.1 Kosten des Sekretariats (Personal)
1.2 Reisekosten der Komiteemitglieder
1.3 Verfügungsfonds Kongresspräsident, Bewirtung
1.4 Bürokosten, Telefon, Porto
1.5 Lizenzen, Kosten internationaler Dachverband

2. Organisationsbüro (PCO)
2.1 Organisationshonorar (nach Leistungsumfang)
2.2 Registrierungskosten je Teilnehmer/je Referent
2.3 Sachkosten, Reisekosten, Kopien, Porto, Telefon

3. Drucksachen, Werbung, Presse
3.1 Logo, Layout, Geschäftsdrucksachen
3.2 Ankündigungen (1., 2., 3.)
3.3 Abstractformular
3.4 Anmeldeformulare
3.5 Vorläufiges Programm
3.6 Kongressführer/Programm
3.7 Adressenkauf/Adressenverwaltung
3.8 Versandkosten, Konfektionierung je Drucksache
3.9 Porto je Drucksache
3.10 Übersetzungskosten
3.11 Teilnehmerliste (Druckkosten)
3.12 Namensschilder, Eintrittskarten, Kleindrucksachen
3.13 Book of Abstracts
3.14 Proceedings/Dokumentation
3.15 Kongressmappen
3.16 Presse/Material, Ausstattung Pressebüro, Bewirtung, Pressekonferenz
3.17 Plakatierung Region

4. Ablaufkosten (Durchführung)
4.1 Raummieten
4.2 Technik (Computer, Ton, Licht, Bild, Bühnentechnik)
4.3 Dolmetscheranlage, Simultanempfänger
4.4 Sonstige Medien (Flipcharts etc.)
4.5 Posterwände
4.6 Telefonanlage, Rufanlage
4.7 Beflaggung
4.8 Beschilderung (innen und außen)
- Ergänzung der Wegeleitsysteme
- Transparente

4.9 Moderatoren und Referentenschilder
4.10 Blumenschmuck

4.11 Ausstattung Tagungsbüro, Fotokopierer etc.
4.12 Honorare, Reisekosten, Unterbringung
- Referenten und Gäste
- Moderatoren

4.13 Technisches Personal
4.14 Personal für Garderobe, Toiletten, Wachdienst, Kontrolle, Sanitätsdienst
4.15 Hostessen und Studenten für das Tagungsbüro
4.16 Dolmetscher
4.17 Gastronomieversorgung (Referenten, Komitee, Personal)
4.18 Pausenbewirtung der Teilnehmer

5. Social Programm, Gesellschaftsprogramm
5.1 Begrüßung, Get-together
5.2 Bankett/Ball – Gastronomie, Künstler etc.
5.3 Empfänge
5.4 Touristisches Rahmenprogramm, Fachexkursionen
5.5 Kunstausstellung

6. Sonstige Kosten
6.1 Versicherung
6.2 Beratungskosten (Steuer, Recht)
6.3 Bankspesen
6.4 Postschalter
6.5 Bankschalter
6.6 Hotelvermittlung, Ortsinformation
6.7 Transfer/Limousinenservice, Busshuttle
6.8 Fotokosten
6.9 Transportkosten
6.10 Präsente
6.11 Reinigung
6.12 Reserve für unvorhergesehene Kosten, Preissteigerungen

Gesamtkosten Kongress
inkl. MwSt. . . . .
exkl. MwSt. . . . .

7. Kosten Ausstellung
7.1 Mietkosten Flächen, Hallen
7.2 Infrastruktur (Energie, Wasser)
7.3 Müllabfuhr, Reinigung
7.4 Bewachung, Kontrolle
7.5 Beschilderung
7.6 Werbekosten (Drucksachen, Pläne, Plakate)
7.7 Management PCO
7.8 Hallenpersonal

Gesamtkosten Ausstellung
inkl. MwSt. . . . .
exkl. MwSt. . . . .

B Einnahmen

1. Teilnehmergebühren
1.1 Kongressgebühren früh und spät
1.2 Tageskarten
1.3 Begleitpersonengebühr
1.4 Gesellschaftsprogramm
1.5 Rahmenprogramm
1.6 Fachexkursionen

2. Spenden und Sponsoring

3. Sonstige Einnahmen
3.1 Werbeflächen, Vitrinen
3.2 Beilage zur Tagungsmappe
3.3 Anzeigen
3.4 Merchandising
3.5 Verkauf von Publikationen

4. Ausstellung
4.1 Ausstellungsmieten
4.2 Katalogverkauf
4.3 Besucher/Eintrittsgelder

5. Öffentliche Fördermittel
(Bund, Land, Stadt, EU)
5.1 Zuschüsse auf Ausgabenbasis
5.2 Zuschüsse zweckgebunden
5.3 Ausfallbürgschaft

GESAMTEINNAHMEN
inkl. MwSt. . . . .
exkl. MwSt. . . . .

ÜBERSCHUSS UND UNTERDECKUNG

Den Kosten stehen Einnahmen gegenüber, sofern nicht bei bestimmten Veranstaltungen, z. B. politischen oder auch Firmentagungen ausschließlich Kosten budgetiert werden und als Projekt- oder Betriebskosten direkt vom Veranstalter getragen werden.

Die Berechnung des Break-even-Point verschafft Planungssicherheit

Abhängig von der Durchsetzbarkeit am Markt, angesichts der Unsicherheit über die tatsächlich zu erreichenden Teilnehmerzahlen und im Zwiespalt zwischen dem Druck, Kosten zu minimieren und gleichzeitig größtmögliche Qualität der erwünschten und notwendigen Leistungen zu erbringen, befindet sich der Veranstalter ständig in einem Dilemma und ist einem hohen Risiko ausgesetzt.

Wiederkehrende Veranstaltungen und damit verbundene Erfahrungswerte können das Risiko mindern.

Wichtig ist es, den sog. Break-even-Point auszuweisen. Gemeint ist damit der Punkt, an dem die Einnahmen die Kosten decken. Wenn bei der Berechnung realistische und keine geschönten Zahlen zugrunde gelegt werden, kann so eine gewisse Planungssicherheit erlangt werden.

Der Break-even-Point errechnet sich folgendermaßen:

BREAK-EVEN

$$BEP = \frac{K_f}{E - K_v}$$

Break-even-Point = BEP
Fixkosten = K_f
variable Kosten = K_v
Erlöse = E

Stufe III: Veranstaltungsvorbereitung

Im Rahmen dieser Stufe werden alle vorbereitenden Organisationsmaßnahmen, die auf die Veranstaltungsdurchführung hinzielen, umgesetzt.

Bei großen wissenschaftlichen Kongressen kann diese Phase einen Zeitraum von 3 bis 4 Jahren umfassen und aus vielen Einzelaktivitäten bestehen.

1. Budgetkontrolle, Maßnahmen- und Terminkontrolle

Eine regelmäßige Rückkopplung zur Organisationsplanung ist unerlässlich

Im Laufe der Veranstaltungsvorbereitung ist eine regelmäßige Rückkopplung zur Organisationsplanung unerlässlich. Durch regelmäßige

- Budgetkontrolle sowie eine
- Maßnahmen- und Terminkontrolle

werden Abweichungen zur Planung ermittelt, denen dann entsprechend gegengesteuert werden kann.

Zwischen Bedarfsermittlung, Tätigkeits- und Terminplanung und Finanzplanung besteht eine enge Abhängigkeit. Änderungen an einer Stelle zeigen sofort Wirkung in den beiden anderen Bereichen.

BUDGETKONTROLLE

Die Angebote der Dienstleister bilden die Basis für die Budgetanpassung

Die Budgetkontrolle ist eine unabdingbare Verpflichtung, um Planungssicherheit in der gesamten Organisationsplanung zu gewährleisten. Gemäß der Bedarfsermittlung und weiterer vorliegender Informationen wurden über eine Ausschreibung die erforderlichen Dienstleister verpflichtet. Deren Angebote bilden die Basis für die Budgetanpassung.

Die Budgetkontrolle für Ausgaben und Einnahmen besteht aus drei Komponenten:

Komponenten der Budgetkontrolle

- PLAN (zu erwartende Ausgaben und Einnahmen),
- IST (aus der Buchhaltung, bereits getätigte Ausgaben und eingegangene Zahlungen),
- DISPONIERT (aus Verträgen, Aufträgen, die noch nicht abgerechnet sind, aus Teilnehmeranmeldungen, die noch nicht bezahlt worden sind).

STEUERUNG UND ÜBERWACHUNG ALLER MASSNAHMEN/ TERMINKONTROLLE

Unterstützung bei den Aufgaben der Tätigkeits- und Terminplanung, der Zuordnung von Ressourcen (Menschen, Dienst-

Projektmanagement-Software

leister, Material), der Kostenüberwachung sowie der vernetzten Steuerung und Überwachung des Projektes kann Projektmanagement-Software leisten.

Die Software ermöglicht es, in komplexen und unübersichtlichen Situationen auf Veränderungen schnell zu reagieren. Maßnahmen und Abfolgen, bei denen zeitliche Engpässe auftreten können, werden als sog. »kritische Pfade« angezeigt. Meilensteine zeigen an, wann bestimmte Vorgänge abgeschlossen sein müssen. Vor allem die Planung über den Einsatz diverser Ressourcen wie Material und Personal lässt sich auch projektübergreifend immer im Auge behalten. Zudem kann die Kostenentwicklung optimal überwacht werden.

Leistungen einer Projektmanagement-Software

Was muss eine solche Software können? Der konkrete Nutzen für das Projektmanagement besteht darin:

- Übersicht zu schaffen,
- Abhängigkeiten, Beziehungen darzustellen,
- Prioritäten zu setzen,
- Termine zu überwachen,
- Tätigkeiten zu kontrollieren,
- bei Veränderungen eine automatische Neuberechnung aller davon abhängenden Faktoren vorzunehmen,
- Ressourcen zu überwachen und zu kontrollieren,
- Personaleinsatzplanung,
- Kostenkontrolle,
- Liquiditätskontrolle durchzuführen,
- Auswertungsmöglichkeiten anzubieten,
- jederzeit einen aktuellen Status für die Projektverantwortlichen und den Kunden auszugeben,
- auf Veränderungen schnell reagieren zu können,
- Dienstleister-Kontrolle durchzuführen,
- Gesamtsteuerung zu gewährleisten,
- Wirkungskontrolle durchzuführen,
- zeitliche und inhaltliche Ablaufkontrolle vorzunehmen.

Aufgaben des Projektmanagements

Welche Arbeitsschritte müssen vollzogen werden?

- Tätigkeiten und Aufgaben festlegen,
- Dauer der Aufgabe eingeben,
- Anfangs- und Endpunkte definieren,
- Abhängigkeiten festlegen und Beziehungen zu anderen Tätigkeiten herstellen,

- Ressourcen zuordnen (Personal, Maschinen, Material),
- Befugnisse und Zuständigkeiten festlegen,
- den Ressourcen Kosten zuordnen und den entsprechenden Kostenstellen zuschreiben.

2. Referentenauswahl und -betreuung

Es ist vorwiegend die Aufgabe des Veranstalters, die Referenten zu suchen

Im Unterschied zu den USA gibt es in Europa nur einen geringen organisierten Markt für Redner, Referenten und Moderatoren. Angebot und Nachfrage werden nur in Ausnahmefällen von Redner-Agenturen reguliert und kontrolliert. Es ist daher vorwiegend die Aufgabe des Veranstalters, die Referenten zu suchen.

Referenten sollten dem Veranstalter im besten Fall bekannt oder im Rahmen thematisch vergleichbarer Veranstaltungen schon einmal positiv bewertet worden sein.

Vor allem ist darauf zu achten, dass der gewählte Referent/die Referentin neben der fachlichen Qualifikation auch bei der speziellen Zielgruppe richtig ankommt. In der Öffentlichkeit oder in Fachkreisen bekannte Gastreferenten und Persönlichkeiten können die Zuhörer mit einem brillanten Vortrag fesseln. Dieser muss nicht notwendig in engem fachlichen Zusammenhang mit dem Kongressthema stehen, wenn er für die Zielgruppen von großem Interesse ist.

Auch ein Fachreferent sollte beispielsweise durch verblüffende Wendungen, gute Vergleiche und treffende Allegorien für »gute Stimmung« sorgen. Der Referent muss sich eingehend mit der Gesamtthematik, der Zielsetzung und den Ansprüchen der Zielgruppen befassen. Hierzu ist ein genaues Briefing notwendig.

Ständiger Dialog, besser noch persönliche Kontaktpersonen für die Referenten pro Themenelement oder Veranstaltungseinheit erhöhen die Motivation der Aktiven und gewährleisten kontinuierliche Information.

Registrierung, Briefing und Betreuung der Referenten in vier Schritten

ERSTER SCHRITT: ERSTE KONTAKTAUFNAHME

- Der Veranstalter erstellt, gegebenenfalls in Abstimmung mit einer Agentur, eine Liste mit Wunschreferenten.
- Einladung an die Referenten durch den Veranstalter mit

einem ersten Anschreiben und Anfrage (auch zusammen mit der Agentur möglich):
Information über
- geplante Zielsetzung, Motto, Themen, Struktur/ Programmplanung, Zielgruppen/Teilnehmer,
- Information über den/die gewünschten Beitrag/ Beiträge,
- ggf. Themenvorschläge,
- ggf. Hinweis auf die Agentur, die für die Betreuung der Referenten zuständig ist.

ZWEITER SCHRITT: ANFORDERUNG VON VORTRAGSENTWÜRFEN (ABSTRACTS)

- Information der Referenten, u.a. über Ort und Zeitpunkt, Dauer und Art des geplanten Referates;
- Anforderung, Sammeln und Verwalten der Abstracts, Abstract-Handling auch über Internet möglich.

DRITTER SCHRITT: REGISTRIERUNG UND EINBINDUNG IN DAS KONGRESSPROGRAMM

- Auswahl durch den Veranstalter/das Programmkomitee;
- Registrierung und Bestätigung, bzw. Absage;
- Vertragsvorbereitung;
- Entwickeln eines Anmeldeformulars mit spezieller Abfrage nach Anreise, Unterkunft, Technikanforderungen, Wünsche hinsichtlich Bestuhlung und Ausstattung, Teilnahme am Rahmenprogramm (auch online über geschützten Zugriff);
- Angaben zu den sonstigen Beteiligten im Umfeld, wie Moderator, Vorsitzender, weitere Referenten;
- Einholen von Lebensläufen und Fotos;
- falls vorgesehen, Einholen der Genehmigung für einen Mitschnitt;
- Einstellen der Informationen in das Kongressprogramm – Programm-Ablaufplanung in Zusammenarbeit mit dem Programmkomitee;
- Information über Raumzuteilung (sich nachträglich ergebende Änderungen mitteilen).

Vierter Schritt: Kontinuierlich weitere Detailinformationen übermitteln

- Übersendung weiterer Informationen wie z.B.
  - Information über Teilnehmer gemäß Anmeldestatistik;
  - Teilnehmerliste für den entsprechenden Workshop;
  - Informationen über Tagungsbüro und Kongresszentrum mit entsprechendem Wegweiser;
  - Bestätigung über die Umsetzung der Anforderungen des Referenten;
  - Informationen zu Medien Check, Aufenthaltsräumen, gastronomische Versorgung etc.
- Einladung zum mündlichen Briefing und Willkommen durch den Veranstalter;
- Anfordern der Proceedings (ausgearbeitete Fassungen der Vorträge).

3. Teilnehmerregistrierung

Die Einwerbung von potenziellen Teilnehmern aus den anzusprechenden Zielgruppen erfolgt vor allem durch
- Broschüren und ggf. die Ankündigung,
- Informationen in Fachzeitschriften,
- das Internet,
- und die Einladung (vorläufiges Programm).

Die Art der Einwerbung und Verarbeitung der Teilnehmerdaten hängt auch von der Größe der Veranstaltung und der Art der Zielgruppen ab. Bei kleineren Tagungen kann eine individuellere Form der Zielgruppenansprache und des Anmeldewesens gewählt werden.

Bei großen Kongressen ist die Verarbeitung der Teilnehmerdaten in erster Linie ein Mengenproblem, daher weitgehend schematisiert und beispielsweise durch klar gegliederte Anmeldeformulare, übersichtliche Buchungsangebote und verständliche Hinweise zum Procedere unterstützt.

Bestandteile der Einladung

Die Einladung mit Anmeldeformuar enthält u.a.
- Grußworte,
- Informationen zum Veranstalter,
- Nennung der Zielsetzung und der Zielgruppen,
- Programmübersicht (Zeitraster),

- Programmablauf mit Referenten, Themen und Zeiten,
- Informationen zu Referenten,
- ggf. Hinweise zum Tagungsort und zur Organisation,
  - zu An- und Abreise, Hotels, Rahmenprogramm, Abendveranstaltungen,
  - Anreiseskizze, Stadtplan.

Mit der Rücksendung des Anmeldeformulars kommt bereits ein Vertrag mit dem Teilnehmer zustande

Mit der Rücksendung des Anmeldeformulars kommt bereits ein Vertrag mit dem Teilnehmer zustande. Er nimmt damit das Angebot (Programminhalte) an, sagt verbindlich die Teilnahme sowie die Inanspruchnahme damit zusammenhängender weiterer Leistungen zu und verpflichtet sich zur Zahlung der dadurch entstehenden Kosten. Durch die Bestätigung und Rechnungslegung der Teilnahme durch Agentur oder Organisator wird der Vertrag bekräftigt.

Inhalte des Anmeldeformulars

Ein Anmeldeformular sollte Folgendes beinhalten:
- Daten des Teilnehmers,
- zu zahlende Gebühren, unterteilt nach Früh- und Spätanmeldungen abhängig vom Status des Teilnehmers (z.B. Mitglied, Nichtmitglied, Referent, Pressevertreter, Student etc.),
- zu buchende Veranstaltungen wie Workshops, Rahmenveranstaltungen (Empfänge, Bankett, Konzert), Fachexkursionen, touristische Leistungen, gewünschte Reiseleistungen,
- Daten für die Hotelreservierung mit An- und Abreisedaten, versch. Preiskategorien, Einzel- oder Doppelzimmer etc.,
- Summenspalte zum Eintragen der entsprechenden Summen durch den Teilnehmer und Angaben/Hinweise zur Zahlung – z.B. Eintragen der Daten für Kreditkartenbelastung,
- Hinweis auf Akzeptanz der Teilnahmebedingungen (diese können auch im Programmheft, in dem das Anmeldeformular beiliegt, ausgedruckt sein),
- Datum und Unterschriftsspalte für den Teilnehmer.

Die Unterteilung in Früh- und Spätanmeldegebühren hat folgende Vorteile:

Differenzierung von Früh- und Spätanmeldegebühren

- Der Teilnehmer wird motiviert, sich schon frühzeitig anzumelden. Die Einnahmen zu diesem frühen Zeitpunkt können der Vorfinanzierung dienen.

- Hotelkontingente können nur bis zu einem bestimmten Zeitpunkt (im Vertrag geregelt) kostenfrei zurückgegeben werden (meist 6 bis 12 Wochen vor der Veranstaltung).

Je einfacher das Anmeldeverfahren, desto geringer ist der Anteil an individueller Korrespondenz mit dem Teilnehmer.

Leistungen des Organisators oder der Agentur

Folgende Leistungen sind in Bezug auf die Teilnehmerregistrierung durch den PCO oder die Agentur zu erbringen:

- Gestaltung des Anmeldeformulars für die Teilnahme an
  - Kongress, Workshops, Rahmenprogramm;
  - die gewünschte Hotelunterbringung, An- und Abreise etc.;
- Kontrolle der Rückmeldungen aus Ankündigung und Einladung;
- wenn gewünscht Online-Registrierung über das Internet;
- Teilnehmererfassung und Verarbeitung aller Daten mit professioneller Technik;
- wenn gewünscht, Prüfung und Zulassung durch den Veranstalter;
- Bestätigung und Rechnungslegung;
- Gebühreneinzug und Kontrolle (Teilnehmergebühr, Hotelanzahlungen, Reiseleistungen, Gebühren für Rahmenprogramm und Exkursionen);
- Buchhaltung
  - Übernahme der Abwicklung sämtlicher Zahlungsbewegungen über ein Projekt – Konto und der Kongressbuchhaltung;
  - die Rechnungslegung und Überwachung der Einnahmen;
- Regelmäßige mündliche bzw. schriftliche Information über den Stand der Anmeldungen;
- Erledigung aller mit der Registrierung in Zusammenhang stehenden Korrespondenz;
- Zusammenstellung der persönlichen Kongressunterlagen der Teilnehmer (u.a. Beschriftung der Namensschilder, Gutscheine für das Rahmenprogramm, Einladungen etc.);
- Auswertung, Statistik, diverse Listen.

Alle Informationen aus der Teilnehmerregistrierung fließen in die Kontrolle der Bedarfsermittlung, der Finanzplanung, der Tätigkeits- und Terminplanung, der Raumplanung sowie der Personal-Einsatzplanung.

4. Ablaufplanung

Alle Informationen und Abläufe werden in einen Ablaufplan integriert

Auf der Basis des Tätigkeits- und Terminplans werden alle Informationen und Abläufe in einen Ablaufplan integriert, der u.a. enthält:

- das eigentliche Kongressprogramm in zeitlicher Folge,
- die detaillierte Vorbereitung der eigentlichen Veranstaltungsabläufe inkl. Auf- und Abbau,
- und sich daraus ergebende Einzelmaßnahmen, die Organisationsmaßnahmen des Veranstalters und des Organisators,
- ferner die eigentliche Veranstaltungsdurchführung mit Aufgaben und Verantwortlichkeiten vor Ort,
- inklusive die Betreuung von VIPs und besonderen Personengruppen.

Die Ablaufplanung wird mit allen Beteiligten erarbeitet und abgestimmt. Unter anderem findet etwa 6 bis 12 Wochen vor der Veranstaltung zwischen dem Veranstalter, dem zuständigen Projektleiter der Tagungsstätte und dem wichtigsten Dienstleister der Tagungsstätte eine ausführliche Ablaufbesprechung statt. Hier können letzte Veränderungswünsche berücksichtigt und vor allem durch die Experten der Tagungsstätte auch in Bezug auf ihre Umsetzbarkeit geprüft werden.

Dieser Ablaufplan bildet auch die Basis für die hausinternen Anweisungen aller Beteiligten der Tagungsstätte. Er ist das Kontrollinstrument für Veranstalter und Organisator während der Veranstaltung.

Stufe IV: Veranstaltungsdurchführung

Die Veranstaltungsabwicklung sowie die Durchführung vor Ort wird auf der Basis des Ablaufplanes umgesetzt.

Das Organisationsbüro wird nun zum Tagungsbüro vor Ort. Es ist die Leitzentrale für alle Organisationsmassnahmen.

Der Veranstalter übernimmt aktiv die Gastgeberrolle mit allen Rechten und Pflichten

Der Veranstalter übernimmt aktiv die Gastgeberrolle mit allen Rechten und Pflichten; er ist im Sinne der Versammlungsstättenverordnung (VStättVO) Versammlungsleiter.

Folgende Leistungen werden durch den PCO oder die Agentur erbracht:

Einrichten eines Welcome Desk

- am Flughafen und/oder Bahnhof,
- im Referenten-/VIP Hotel

oder nach Absprache auch in anderen Hotels.

Einrichten des Tagungsbüros

Dieses kann je nach Größe der Veranstaltung ein Raum sein oder auch aus vielen einzelnen Countern und Räumlichkeiten bestehen.

Einrichtung von Arbeitsstationen und Countern

Es werden Arbeitsstationen und Counter eingerichtet für

- die Betreuung der bereits angemeldeten Teilnehmer mit Ausgabe der Kongressunterlagen,
- die Neuregistrierung von Teilnehmern mit Kassenschalter,
- die Presse-, Medienvertreter,
- Referenten und Moderatoren,
- allgemeine Information und Serviceleistungen.

erforderliche weitere Räumlichkeiten

Weitere Räumlichkeiten können erforderlich werden wie beispielsweise

- Besprechungsräume für Komitees,
- Sekretariat für den Kongresspräsidenten,
- Pressearbeitsraum,
- VIP-Lounge,
- Referentenraum mit Mediencheck,
- Organisationsräume und Büros für den PCO oder die Agentur,
- Aufenthaltsräume für Personal,
- Lager.

Weiterhin nimmt der PCO vor Ort folgende Tätigkeiten wahr:

Auf- und Abbau

- Je nach Umfang der Veranstaltung kann die Aufbauzeit einige Stunden betragen, aber beispielsweise bei großen, kongressbegleitenden Ausstellungen mit umfangreicher Technik, Bühnenaufbauten etc. auch mehrere Tage umfassen.

  Bereits bei der Terminbuchung der Tagungsstätte in der ersten Planungsphase ist eine umfangreiche Aufbauzeit zu berücksichtigen und vertraglich zu regeln.

Stufe IV: Veranstaltungsdurchführung

- Das Organisationsteam hat auch für den ordnungsgemäßen Abbau aller Einrichtungen und der Ausstellung zu sorgen. Der Abbau ist detailliert mit allen Maßnahmen Bestandteil des Ablaufplanes.

Kontrolle der Einsatzplanung von Medien- und Kongresstechnik

Hier werden beispielsweise für künstlerische Programme oder Kongressteile mit umfangreichem Technikeinsatz Proben erforderlich. Probenzeiten können etwa bei Produkt-Präsentationen bis zu 10 Tage in Anspruch nehmen.

Einsatz von komplexer Medien- und Kongresstechnik rechtzeitig proben

Kontrolle der Raumplanung und bestellter Leistungen

Abnahme der Tagungsräume zusammen mit dem Projektleiter der Tagungsstätte (Prüfen von Beschilderung, Wege-Leitsystemen, Dekoration und Gestaltung etc.)

Lieferkontrolle und Absprachen mit Dienstleistern

Personaleinsatzplanung und Betreuung

- Klare Aufgabenbeschreibung
- Arbeitszeiten, Pausen, Teamarbeit
- Hinweise für Weisungsbefugnis
- Informationen zum gesamten Team
- Ablaufplanung
- Vorgaben für Kleidung und Auftreten

Koordination mit dem Veranstaltungszentrum

Packen der Tagungsmappen

Was kommt in eine Tagungsmappe? (Beispiel)

- Willkommensbrief mit neuesten Informationen,
- Programm,
- Teilnehmerliste,
- Abstract und/oder Proceeding,
- Plan der Tagungsstätte und der Räume,
- Stadtinformationen, Stadtplan,
- Unterlagen vom Veranstalter,
- Unterlagen von Sponsoren,
- Ausstellerkatalog,
- Fragebogen.

KOORDINATION UND BETREUUNG ALLER AKTIONEN UND BETEILIGTEN

BETREUUNG UND NEUREGISTRIERUNG DER TEILNEHMER u.a.

- Ausgabe der Unterlagen, Ausgabe der Simultanempfänger und Kopfhörer,
- Verkauf der noch zur Verfügung stehenden Restkarten für Veranstaltungsteile,
- Erfassung der Neuregistrierungen im System und Verarbeitung der Daten, Rechnungslegung,
- Druck von ergänzenden Teilnehmerlisten,
- Inkasso der Gebühren, Kassenführung.

BETREUUNG DER REFERENTEN (u.a. Mediencheck)

Die Referenten müssen intensiv betreut werden

- Ein Aufenthaltsraum mit Erfrischungen, ein Sekretariat sowie ein Raum für den Mediencheck mit technischem Personal sollten den Referenten zur Verfügung stehen.
- Hostessen unterstützen die Mitglieder des Programmkomitees bei deren Betreuung.
- Die Moderatoren erhalten rechtzeitig u.a. organistorische Hinweise, die Lebensläufe der Referenten ihrer Sitzung und deren Manuskripte.

KOORDINATION MIT DOLMETSCHERN

- Jede Dolmetschertätigkeit fordert hohen geistigen Einsatz und ist anstrengend. Daher sind entsprechende Ruheräume bereitzuhalten. Erfrischungen müssen in den Dolmetscherkabinen permanent vorhanden sein. Der zuständige Teamleiter steht mit der Organisationsleitung in Kontakt und wird sofort über alle Änderungen informiert.
- Redemanuskripte und Fachliteratur sind möglichst frühzeitig bereitzustellen, spätestens einen Tag vor Einsatz. Eine persönliche Abstimmung der Dolmetscher mit den Referenten kann die Qualität der Übersetzung steigern.

BETREUUNG DER VIPS UND EHRENGÄSTE

VIPs und Ehrengäste werden durch den Veranstalter jeweils ganz individuell betreut

- Diese Personengruppen erhalten aufgrund einer gesonderten Einladung eine besonders individuelle Betreuung durch den Veranstalter. Bekannte Persönlichkeiten des öffentlichen Lebens gehören ebenso dazu wie bedeutende Fachexperten. Je bedeutender Rang und Namen sowie der Bekanntheitsgrad dieser Personen, desto größer ist die Beachtung in der Öffentlichkeit.

- In Bezug auf Sicherheitsfragen ist neben Objektschutz, Brandschutz und medizinischer Versorgung hier insbesondere der Personenschutz zu beachten.
- In engem Zusammenhang mit Ehrengästen steht die Beachtung protokollarischer Regeln.
  Ein Beispiel: Bei internationalen Veranstaltungen ist es in der Regel üblich, die Flaggen der beteiligten Länder nach dem Alphabet der Landessprache des Gastgebers zu hissen, dies allerdings unter Beachtung der aktuellen politischen Probleme und möglichen Animositäten zwischen bestimmten Ländern.
  Die Sitzordnung ausländischer Delegationen stellt ähnliche Ansprüche.
- Die Rangordnung ist auch zu beachten bei
  - der Reihenfolge der offiziellen Begrüßungsreden,
  - Platzreservierungen,
  - Sicherheitsfragen.

Protokollarische Regeln und Sicherheitsfragen sind zu beachten

Betreuung der Medienvertreter und Akkreditierungskontrolle

- Für die Medienvertreter, die die Multiplikation in die Öffentlichkeit vornehmen, sind besondere Arbeitsbedingungen zu realisieren. Der Umfang der Berichterstattung und die damit verbundenen Organisationsmaßnahmen sind abhängig von der Größe und Bedeutung der Veranstaltung.
- Die Betreuung erfolgt durch den Pressereferenten des Veranstalters, unterstützt durch zusätzliches Personal.
  Zu dieser Betreuung gehören
  - eine Pressemappe,
  - Organisation von Interview-Terminen,
  - aktuelle Informationen,
  - ein spezieller Arbeitsraum,
  - die Ausrichtung einer Pressekonferenz sowie
  - die Durchführung einzelner Pressegespräche.

Für die Medienvertreter sind besondere Arbeitsbedingungen zu realisieren

Die Durchführungsphase ist gewissermassen die »Kernzeit« eines Kongresses, auf die alle Planungen, Vorbereitungen und Organisationsmassnahmen ausgerichtet sind.

Hier zeigt sich, ob die gesamte Planung und Vorbereitung detailliert und mit der erforderlichen Qualität sorgfältig vorgenommen wurde.

Improvisation ist nicht das Ziel. Kurzfristige neue Entscheidungen und notwendige Veränderungen vor Ort zwingen ohnehin zu schneller Lösungsfindung und flexibler Umsetzung.

Folgende allgemeine Regeln sollten für die Durchführung gültig sein:

Alle Maßnahmen dienen den Kongressteilnehmern

Gute Organisation findet im Hintergrund statt

Gute Organisation findet im Hintergrund statt, leise und unaufdringlich. Sie hat die Arbeitsbedingungen sicherzustellen, unter denen alle Beteiligten den größtmöglichen Nutzen aus ihrer Kongressteilnahme ziehen.

Den Teilnehmern Orientierungshilfen und bestmögliche Unterstützung bieten

Eine klare und übersichtliche Struktur der Programmabläufe ist wichtig, mit einer Zeitplanung, die auch menschliche Bedürfnisse berücksichtigt und nicht zu Überlastungen führt. Genügend Ruhe- und Kommunikationszeiten zwischen den einzelnen Veranstaltungen sowie Raum für die individuelle Zeitplanung müssen eingeplant werden.

Es muss gewährleistet sein, dass Teilnehmer, die aus verschiedenen Klima- und Zeitzonen angereist sind, sich schnell zurechtfinden können.

Die Teilnahme an einem Kongress ist Arbeit

Die Teilnahme an einem Kongress ist Arbeit. Hierbei sollten die Teilnehmer nach Möglichkeit unterstützt werden. Gute Arbeitsbedingungen für die Teilnehmer bedeuten u.a.
- genügend Platz,
- ausreichende Lichtverhältnisse,
- gute Tonqualität,
- angenehme Klimatisierung.

Die Zeitabläufe müssen eingehalten werden.

Vor allem bei Kongressen mit zahlreichen Parallelveranstaltungen ist darauf zu achten, dass z.B. bei ausgefallenen Referaten eine Pause eingelegt wird und nachfolgende Vorträge nicht vorgezogen werden. Teilnehmer erstellen sich einen eigenen Zeitplan, suchen sich bestimmte Beiträge aus und sind zu Recht verärgert, wenn ein Vortrag, den sie hören wollten, kurzfristig vorgezogen wurde.

Hinweis: Die Anmeldung zum Kongress erfolgt auf der Basis des veröffentlichten Programmablaufs. Dieses Programm stellt das Angebot dar und ist damit Vertragsbestandteil, auch wenn der Satz »Änderungen vorbehalten«, der im Programm nicht fehlen darf, dem Veranstalter einen gewissen Freiraum einräumt.

Der angekündigte Programmablauf ist Vertragsbestandteil

Das eingesetzte Personal muss zu einem kompetenten Team zusammengeführt werden

Die handelnden Personen setzen sich aus den unterschiedlichsten Kreisen zusammen. Vertreter und Personal des Veranstalters, Personal von Agentur oder Organisator, Hostessen und Studenten, in der Regel erst seit kurzem zu einem Team zusammengesetzt, müssen alle hochmotiviert und serviceorientiert sein und sich mit der Veranstaltung identifizieren können (zur Führung der Teams siehe auch Kap. 5). Durch ein ausführliches Briefing erhalten diese Personen die Sicherheit, um die ihnen gestellten Aufgaben souverän erfüllen zu können. Gastfreundschaft, ruhige Gelassenheit und stets ein Lächeln sorgen für das Wohlbefinden der Teilnehmer.

Jedes laute Wort zeugt von Unsicherheit und Nervosität. Beschwerden sind schnell und unkompliziert zu lösen. Permanente Kommunikation sichert einen reibungslosen Ablauf. Zur Einweisung gehört auch,

- dass die wichtigsten handelnden Personen des Veranstalters, der Tagungsstätte und des Organisators einander vorgestellt werden. Klare Angaben darüber, wer wem weisungsbefugt ist, sind notwendig;
- dass alle Folgendes kennen und wissen:
  Dienstanweisungen, Ablaufpläne, eine Übersicht über die Tagungsstätte, Ausstattung und Lage der einzelnen Tagungsräume, die unterschiedlichen kongressrelevanten Unterlagen, die Bedeutung von beispielsweise farbigen Namensschildern, Zugangsberechtigungen, Sicherheitsbestimmungen, Protokollvorgaben, Kleiderordnung etc.
  Ideal ist ein Probelauf mit allen Teams vor Kongressbeginn.

Klare Angaben darüber, wer wem weisungsbefugt ist, sind notwendig

Ideal ist ein Probelauf mit allen Teams vor Kongressbeginn

Die Tagungsräumlichkeiten, Counter und Organisationsräume sollten stets aufgeräumt sein

Verpackungsmaterialien, nicht benötigte Tagungsunterlagen, benutztes Geschirr, Gläser etc. sind kein erfreulicher Anblick und können unter Umständen sogar die Abläufe stören.

Kontinuierliche Koordination und Kontrolle sind unabdingbar

Der Einsatz aller Personen und der Gesamtablauf aller Maßnahmen ist durch die Verantwortlichen laufend zu koordinieren und zu kontrollieren. So können Überlastungen einzelner Bereiche und Abweichungen vom geplanten Ablauf frühzeitig festgestellt und es kann für Abhilfe gesorgt werden, Planungsfehler können erkannt und beseitigt werden. Tägliche Meetings unterstützen durch Feedback.

Kontrollgänge rechtzeitig vor Sitzungsbeginn und Überprüfung aller bestellten Leistungen gemäß Ablaufplan (Technik, Bestuhlung, Gastronomie, Beschilderung) ermöglichen noch, wenn erforderlich, eine schnelle Fehlerbehebung.

Veranstaltungsnachbereitung

Auch die Nachbereitung ist ein Teil der Veranstaltungsdurchführung

Mit der Abwicklung der Veranstaltung ist die Arbeit des Kongressveranstalters und des Organisationsbüros noch nicht beendet. Auch die Nachbereitung ist ein Teil der Veranstaltungsdurchführung. Ein gutes Follow-up rundet das Ergebnis ab und sichert den Erfolg. Die Nachbereitung liefert wertvolle Hinweise für die nächste Veranstaltung.

NACH DER VERANSTALTUNG IST VOR DER VERANSTALTUNG.

Zur Nachbereitung gehören:
- Dokumentation,
- Auswertung und Statistik aus Datenbank und Fragebögen,
- Abrechnung mit Referenten,
- Abrechnung mit Teilnehmern (Sonderfälle),
- Abrechnung mit Dienstleistern,
- Prüfungsgerechter Verwendungsnachweis für öffentliche Geldgeber und Veranstalter,
- Manöverkritik mit unterschiedlichen Personengruppen,

- Erfolgskontrolle,
- Abschlussbericht mit Reflexion auf die Zielsetzung der Veranstaltung,
- Presse-/Medienclipping.

Dokumentation

Möglichst zeitnah nach der Veranstaltung sollte der Kongressbericht, die Dokumentation erstellt werden. Diese kann u.a. folgendes enthalten:

- Programmablauf,
- Verlauf und Ergebnisse der gesamten Veranstaltung,
- die Manuskripte (Proceedings) aller Hauptvorträge,
- Zusammenfassungen der Workshop-Ergebnisse,
- Ausblick auf Trends und Entwicklungen,
- Fotos,
- Presseauswertung, Pressedokumentation.

Der Kongressbericht sollte möglichst zeitnah nach der Veranstaltung erstellt werden

Die Dokumentation kann als Drucksache erstellt werden, aber auch als Audio CD oder Video, mehr und mehr werden solche Informationen auch im Internet eingestellt und den Teilnehmern auf virtuellem Wege zur Verfügung gestellt.

Statistik

Aus den eingegebenen Daten aller Beteiligten wird eine abschließende statistische Auswertung unter Berücksichtigung verschiedener Kriterien erstellt (Teilnehmergruppen, Zahlen, Gebührengruppen, Buchungsverhalten für Workshops etc.).

Diese Informationen sowie die Auswertung der verschiedenen Teilnehmerbefragungen liefern für die Planung und Vorbereitung des nächsten Kongresses wertvolle Analysedaten. Die Dokumentation aller Organisationsmaßnahmen, Zeitpläne, Budgets, Dienstleister etc. unterstützen das Projekt- und Finanzmanagement der nächsten Veranstaltung.

Die statistischen Auswertungen liefern für den nächsten Kongress wertvolle Hinweise

Manöverkritik/Erfolgskontrolle

Mit einem gewissen, Objektivität sichernden, zeitlichen Abstand nach einer Veranstaltung wird eine Abschlussbesprechung oder eine Manöverkritik mit den am Kongress beteiligten verschiedenen Personengruppen durchgeführt.

Einbezogen werden sollten der Veranstalter, die Leiter der einzelnen Komitees, der Schatzmeister, die wichtigsten

Dienstleister, die Verantwortlichen der Projektteams, der PCO oder Organisator, die Multiplikatoren und gegebenenfalls Vertreter der Aussteller.

Die Abschlussgespräche dienen der Dokumentation, der Bewertung und Auswertung

Die Abschlussgespräche dienen der Dokumentation, der Bewertung und Auswertung im Sinne der Unterstützung der Nachfolgeveranstaltung. Abhängig von den jeweiligen Gesprächsbeteiligten sind unterschiedliche Gesprächsinhalte festzulegen. Wie im Rahmen des Kongresses selbst werden die Beteiligten persönlich eingeladen und die Gespräche professionell moderiert und protokolliert. Durch diese Vorgehensweise können alle unterschiedlichen Sichtweisen des vergangenen Kongresses in Erfahrung gebracht und entsprechend weitergegeben werden.

Dankschreiben

Zum guten Abschluss einer Veranstaltung gehört auch die Würdigung besonderer Leistungen durch den Veranstalter als auch durch das Organisationsbüro. Referenten und Persönlichkeiten, aber auch das Personal und die Teammitglieder sollten ein angemessenes Dankschreiben erhalten, gegebenenfalls mit einem kleinen Erinnerungspräsent.

Dienstleister, die besonders gut unterstützt und mitgewirkt haben, erhalten ebenfalls ein Dankeschön.

Abrechnung mit Referenten, Teilnehmern, Dienstleistern

Die Endabrechnung einer Veranstaltung kann bei komplexen Veranstaltungen bis zu einem Jahr dauern

Die Endabrechnung einer Veranstaltung kann bei komplexen Veranstaltungen bis zu einem Jahr dauern. In der Regel wird versucht, bis drei Monate nach Veranstaltung die Endabrechnung zu erstellen.

Referenten erhalten gemäß der Verträge die vereinbarten Honorare und nach Nachweis und Vorlage der entsprechenden Belege die Reisekosten erstattet.

Erst wenn der gesamte Zahlungsverkehr zum Abschluss gekommen ist, alle Zahlungen eingegangen, alle Rechnungen beglichen, alle Gutschriften erstattet und alle Stornos verrechnet worden sind, keine Forderungen und Verbindlichkeiten mehr bestehen und die steuerliche Behandlung abgeschlossen ist, kann der Buchhaltungsabschluss erfolgen.

Für die Abrechnung öffentlicher Zuschüsse ist ein besonderer Verwendungsnachweis, ggf. mit der Begründung über die Verwendung aller Mittel, erforderlich. Dieser ist unterschiedlich je nach Institution oder Ministerium zu erstellen. Alle Belege sind in Kopie, zum Teil in zweifacher Ausfertigung einzureichen. Die Systematik dieses Verwendungsnachweises sollte schon bei der Erstellung des Budgets und der Verbuchung der Ausgaben und Einnahmen berücksichtigt werden, damit nicht doppelter Aufwand notwendig ist.

Erst mit der ordnungsgemäßen Übergabe des Verwendungsnachweises, der Prüfung durch den Veranstalter und öffentliche Geldgeber und der Abnahme der Abrechnung ist das Projekt abgeschlossen.

3 Finanzierung

3.1 Zuschüsse und Fördermittel

Zur Durchführung von Veranstaltungen, vor allem internationaler Kongresse und Fachkonferenzen und wissenschaftlicher Jahrestagungen deutscher Fachgesellschaften ist die Sicherung der Finanzierung durch öffentliche Mittel immer wünschenswert und manchmal auch unerlässlich.

Die Bundesrepublik Deutschland, ein Bundesland oder eine Stadt unterstützen eine bestimmte Veranstaltung vor allem unter dem Aspekt der Wirtschaftsförderung, das bedeutet der Förderung der Tagungsstätten und aller Gewerbe, die von dem Tagungsaufkommen profitieren. Die Einschätzung der entstehenden Umwegrendite ist u.a. eine Grundlage für die Festlegung der Höhe eines Zuschusses.

Unterstützt wird eine Veranstaltung vor allem unter dem Aspekt der Wirtschaftsförderung

Die finanzielle Unterstützung erfolgt ebenso aufgrund
- bestimmter politischer, thematischer Gegebenheiten,
- aus kultur- oder wissenschaftspolitischen Erwägungen,
- aus bildungspolitischen Aspekten.

Die Unterstützung kann gewährt werden durch
- die EU mit verschiedenen Programmen,
- die Bundesregierung und ihren Ministerien, abhängig von den Inhalten der Veranstaltung oder ihrer Internationalität,
- die Landesregierungen,
- einzelne Kommunalverwaltungen.

Grundsätzlich können alle Fachministerien des Bundes Tagungen im Rahmen ihrer fachlichen Zuständigkeit und ihrer Programme fachgebunden fördern.

Grundsätzlich können alle Fachministerien des Bundes Tagungen im Rahmen ihrer fachlichen Zuständigkeit und ihrer Programme fachgebunden fördern

Bei rechtzeitiger Antragstellung und Anerkennung des Bedarfes ist es sogar möglich, in den nachfolgenden Haushaltsjahren einen zweckbestimmten Haushaltstitel einzubringen, allerdings muss dieser Kongress dann von besonderer Bedeutung für Deutschland sein (Beispiele: Krebsforschung, Weltraumforschung, Umweltthemen etc.).

Für den wissenschaftlichen Bereich ist die zentrale Förderungsstelle, die DEUTSCHE FORSCHUNGSGEMEINSCHAFT zuständig, die über die Vergabe von Fördermitteln aus dem Haushalt des Bundesministeriums für Forschung und Technologie entscheidet.

Arten der Bereitstellung von Fördermitteln:

Die Bereitstellung der Fördermittel erfolgt als

direkte Zuwendung auf Ausgabenbasis

- direkte Zuwendung auf Ausgabenbasis, d.h. bestimmte Leistungen, die als förderungswürdig anerkannt werden, werden abgedeckt; auch zweckgebunden möglich z.B. für die Miete einer Tagungsstätte oder für die Teilnahmekosten osteuropäischer Wissenschaftler durch den DEUTSCHEN AKADEMISCHEN AUSTAUSCHDIENST (DAAD).

Fehlbedarfsfinanzierung

- Fehlbedarfsfinanzierung, d.h. Abdecken von Defiziten auf der Basis eines detaillierten Finanzierungsplanes bis zu einem bestimmten Betrag, manchmal auch abhängig von der Zahl der Teilnehmer (Festbetragsfinanzierung).

Ausfallbürgschaft

- Ausfallbürgschaft, d.h. der Veranstalter erhält eine Zusage, dass bis zu einer bestimmten Höhe für die Finanzierung eine Garantie übernommen wird. Diese Art der Bereitstellung von Fördermitteln wird von den Kommunen allerdings selten gewährt, da sie einen Parlamentsbeschluss erforderlich macht.

Auf der Basis der sog. »Allgemeinen Nebenbestimmungen für Zuwendungen des Bundes zur Projektförderung« sind Anträge und Genehmigungsverfahren bei den einzelnen Förderstellen sehr unterschiedlich geregelt. Auf Anfrage erhalten Sie die entsprechenden aktuellen Grundsätze für die Vergabe, Bewilligungsrichtlinien und Vorschriften für den Verwendungsnachweis von den Förderstellen zugesandt.

Anträge auf Förderung sollten möglichst früh gestellt werden

Anträge auf Förderung sollten sehr früh gestellt werden, möglichst schon bereits dann, wenn erste Pläne für die Veranstaltung gemacht werden (spätestens 12 Monate vor dem Veranstaltungsbeginn). In jedem Fall muss der Antrag eingereicht werden, bevor Verpflichtungen jedweder Art eingegangen werden.

Inhalte der Antragsunterlagen

Die Antragsunterlagen sollten folgende Angaben enthalten:
- Darstellung des Veranstalters,
- Beschreibung der Zielsetzung der Veranstaltung,
- Erläuterung der wissenschaftlichen und wirtschaftlichen Bedeutung, des sonstigen Nutzens für Deutschland,
- angesprochene Zielgruppen,
- geplantes Veranstaltungsprogramm,
- Referenten,
- Vortragsthemen,
- detaillierter Kosten- und Finanzierungsplan mit einer Abschätzung der Teilnehmerzahl,
- sofern vorhanden Unterlagen und Analysedaten der Vorgängerveranstaltung.

Jeder Förderantrag steht in Konkurrenz mit weiteren Antragstellern um die sehr begrenzten Fördermittel

Jeder Förderantrag steht in Konkurrenz mit weiteren Antragstellern um die sehr begrenzten Fördermittel und wird unter Berücksichtigung des Haushalts- und Reisekostenrechts auf seine Förderungswürdigkeit geprüft.

Es kommt durchaus vor, dass einem Antragsteller, der in seinem Antrag eine beträchtliche Finanzierungslücke ausweist, mitgeteilt wird, dass nach Auffassung der Förderstelle dieser Fehlbedarf nicht besteht und sich bei entsprechenden Einsparungen die Veranstaltung selbst tragen kann. Damit entfällt eine Förderung und der Antrag wird hinfällig.

Im Zusammenhang mit der Antragstellung wichtige Abkürzungen und Vorschriften

ABl – Amtsblatt der EU
ABSt – Auftragsberatungsstellen
BAnz – Bundesanzeiger
BHO – Bundeshaushaltsordnung
GoB – Grundsätze ordnungsgemäßer Buchführung
LSP – Leitsätze für die Preisermittlung aufgrund von Selbstkosten
VgV – Verordnung über die Vergabebestimmungen für öffentliche Aufträge
VOL – Verdingungsordnung für Leistungen

3.2 Sponsoring als Finanzierungsinstrument und seine Bedeutung

Da die Wirtschaft immer auf der Suche nach neuen Möglichkeiten der Kommunikation mit bestehenden oder neuen Zielgruppen ist, ist Sponsoring eine weitere Möglichkeit, eine Tagungsveranstaltung zu finanzieren.

Sponsorship ist ein eigenständiges, absatzpolitisches Instrument (s. a. Bruhn 2002). Eine optimale Wirkung wird jedoch nur durch die Verknüpfung mit anderen Marketing-Instrumenten erreicht. Die Sponsoring-Aktivitäten eines Unternehmens sind im Marketing- und Kommunikations-Mix einzuordnen. Neben Sport- und Kultursponsoring ist vor allem das Umwelt- und Soziosponsoring von Bedeutung. Beim Soziosponsoring identifizieren sich Unternehmen mit ihrem Engagement inhaltlich mit einem Projekt oder einer Veranstaltung.

Für das Unternehmen bedeutet Sponsoring

- die Planung, Organisation und Kontrolle aller Maßnahmen,
- die mit der Bereitstellung von Geld-, Sachmitteln oder Dienstleistungen,
- für Organisationen (Sport, Kultur, Wissenschaft, Weiterbildung, Forschung, Umwelt, Sozialwesen) verbunden sind
- und zur Erreichung von unternehmerischen Marketing- und Kommunikationszielen durchgeführt werden.

Sponsoring basiert auf einem Leistungstausch, Leistung und Gegenleistung

Sponsoring basiert also auf einem Leistungstausch, Leistung und Gegenleistung: Der Sponsor setzt Geld und Sachmittel ein und erwartet dafür eine adäquate Gegenleistung vom Veranstalter. Diese muss direkt oder indirekt zu den Marketingzielen des Unternehmens beitragen.

Der Sponsor erwartet daher u. a. vom Veranstalter

- ein umfassendes Gesamtkonzept einschließlich aller Marketing- und Kommunikationsstrategien, ein Sponsor muss seine eigenen Maßnahmen mit denen des Veranstalters optimal und rechtzeitig verbinden können;
- direkte und/oder indirekte Werbemöglichkeit;
- dass alle Vereinbarungen in Verträgen festgehalten, eingehalten und nachvollziehbar sind;
- einen Nachweis über Seriosität, Glaubwürdigkeit und Professionalität der Veranstaltung.

Je detaillierter die Angaben, desto größer ist die Chance, einen Sponsor zu überzeugen

Je ausführlicher und klarer die Veranstaltung beschrieben und deren Zielsetzung formuliert ist, je detaillierter die Angaben zu Zielgruppen und Programminhalten sowie zu den einzelnen Maßnahmen sind, desto größer ist die Chance, einen Sponsor zu überzeugen und zu gewinnen.

Ziele und Motive eines Sponsors

Beispiele für Ziele und Motive eines Sponsors:
- Bekanntheitsgrad steigern oder stabilisieren,
- eigenes Image verbessern (Sympathiewerbung),
- gesellschaftspolitische Verantwortung dokumentieren,
- optimale Medienwirkung erreichen,
- bestehende Kommunikationsbarrieren umgehen,
- Möglichkeit effektiver Ansprache bestehender und neuer Zielgruppen (Kunden) wahrnehmen (mit besserer Kosten-Nutzen-Relation als andere Instrumente),
- Beziehungspflege zu Marktpartnern betreiben,
- interne Kommunikation ausbauen, Motivation und Pflege der Beziehungen zu Mitarbeitern stärken.

für den Sponsor bedeutsame Entscheidungskriterien

Beispiele für Entscheidungskriterien, die für den Sponsor von Bedeutung sein können:
- Internationalität der Veranstaltung,
- das Image der Veranstaltung passt zum Image des Unternehmens (Imagetransfer),
- Erwartbarkeit hoher Medienpräsenz, gute Publicity-Möglichkeiten
- Teilnahme bestimmter Persönlichkeiten ist garantiert,
- das Top-Management ist an dieser Veranstaltung aufgrund von Inhalten etc. besonders interessiert,
- Alleinstellung, Hauptsponsorship ist möglich,
- das Sponsorship ist kostengünstiger im Verhältnis zu alternativen Werbeaktivitäten,
- Veranstaltung ist eine Attraktion für die Mitarbeiter,
- klare und eindeutige Zielgruppenbeschreibung.

Beispiele für Sponsorleistungen

Geldmittel

Fördertopf, zweckgebunden für die
- Einladung von Referenten und Persönlichkeiten;
- Zuschüsse zum Druck wissenschaftlicher Publikationen, Abstracts, Proceedings;

- Kauf von Eintrittskarten für Mitarbeiter;
- Übernahme der Kosten für Abendveranstaltungen; Fachexkursionen, Workshops.

SACHMITTEL
- Einsatz eigener Produkte;
- Bereitstellung von Geräten, Material, Kongresstaschen, Fahrzeugen etc.

DIENSTLEISTUNGEN
- Druck von Broschüren, Versand;
- Ausschreibung von Wettbewerben, Know-how-Vermittlung durch Secondments (das Unternehmen stellt zur Unterstützung des Veranstalters, Konzeptentwicklung etc. für eine begrenzte Zeit einen Mitarbeiter zur Verfügung);
- Patenschaften und Nachwuchsförderung.

Unternehmenseigene Stiftungen können oft auch langfristige Förderung von Projekten garantieren

Unternehmenseigene Stiftungen dokumentieren oft den Förderauftrag und können oft auch langfristige Förderung von Projekten garantieren, beispielsweise
- die STIFTUNG VOLKSWAGENWERK für Grundlagenforschung,
- die ROBERT BOSCH STIFTUNG u. a. zur Förderung der Völkerverständigung,
- die FRITZ THYSSEN STIFTUNG unterstützt Forschungsprojekte, vergibt Stipendien, fördert wissenschaftliche Veranstaltungen,
- die SHELL AG fördert Forschungsarbeiten über die Situation von Jugendlichen (sog. Shell-Studie), aber auch Studien über das Lernverhalten und die Akzeptanz von Weiterbildungsangeboten.

Im Rahmen seiner Planung sollte der Veranstalter für verschiedenen Sponsoren einzelne Leistungspakete zusammenstellen

Im Rahmen seiner Planung sollte der Veranstalter für verschiedene infrage kommende Sponsoren einzelne Leistungspakete zusammenstellen, diese bewerten und den Nutzen für die Sponsoren darstellen.

Leistungsangebote des Veranstalters

- Erwähnung und Einbindung des Sponsors in die Pressearbeit;
- Werbung vor und während der Veranstaltung durch Anzeigen, Einlagen, persönliche Nennung bei der Eröffnung

etc., bzw. nach der Veranstaltung im Rahmen einer Dokumentation auch im Internet;
- Vergabe von Prädikaten, Titeln, Produktempfehlungen;
- Durchführung von fachbezogenen Aktionen im Unternehmen des Sponsors durch Kongressteilnehmer und Mitarbeiter, wie etwa fachbezogene Workshops;
- Produktpräsentation;
- Im Rahmen des Kongresses tritt das Unternehmen als
  - Gastgeber von Workshops, Foren und Rahmenveranstaltungen,
  - Gastgeber von Referenten und Persönlichkeiten,
  - Veranstalter von Wettbewerben

  auf.

Obwohl viele Unternehmen angeben, auch Soziosponsoring zu betreiben, handelt es sich hier in vielen Fällen noch um reine Spenden. Die Grenze zwischen Sponsoring und Spendenwesen ist durchaus fließend; schon mit der Nennung eines Spenders wird eine Gegenleistung gewährt.

Durch die starke Zunahme von Sponsoring-Aktivitäten ist bei den Unternehmen ein verschärfter Wettbewerb um die besten, innovativsten und publikumswirksamsten Engagements entstanden.

4 Marketing

4.1 Die Bedeutung des Marketings für Tagungen und Kongresse

Die Durchführung von Tagungen und Kongressen gehört im heutigen Kommunikationsmanagement zu den zentralen Instrumenten im Marketing-Mix-Verbund. Mit Blick auf ihre Kommunikationskraft und ihr Identifikationspotenzial zeichnen sich Tagungen und Kongresse durch hohe Wirksamkeit aus und sind klassischen Marketinginstrumenten wie Anzeigen und Aussendungen vorzuziehen.

Marketinginstrumente mit großer Kommunikationskraft und hohem Identifikationspotenzial

Marketing wird auch heute noch gerne und oft mit purer Werbung und Verkaufsförderung verwechselt. Marketing ist allerdings mehr und bedeutet im Rahmen eines strategisch ausgerichteten Marketing insgesamt einen informationsaufnehmenden, informationsverarbeitenden und vor allem willensbildenden Prozess zu initiieren.

Marketing ist, richtig angewandt und kundenorientiert eingesetzt, der Schlüssel zum Erfolg Ihres Kongresses bzw. Ihrer Tagung.

MARKETING – VERSUCH EINER DEFINITION

Marketing ist die bewusst marktorientierte Führung des gesamten Unternehmens oder marktorientiertes Entscheidungsverhalten in der Unternehmung. In unserem Falle bedeutet es die marktorientierte Führung einer Veranstaltung oder eines Veranstaltungsprojektes inkl. der Planung, Vorbereitung, Durchführung und Nachbereitung sowie das Wissen um das marktorientierte Entscheidungsverhalten der entsprechenden Zielgruppen.

Marketing ist aktives, operatives Handeln im Markt, agieren statt reagieren

Marketing ist aber auch eine Verhaltensweise: Marketing ist aktives, operatives Handeln im Markt, agieren statt reagieren.

Dabei gilt es, eine Besonderheit des Dienstleistungs- und Kongressmarketings zu beachten:

GUTES MARKETING IST NICHT STANDARDISIERBAR. DIE ANZUBIETENDEN LEISTUNGEN SIND NICHT LAGERFÄHIG.

Dies bedeutet eine umfassende unternehmerische Grundsatzorientierung, in deren Rahmen systematisch gewonnene Informationen über die Entwicklung und Gestaltbarkeit von Märkten als Basis für die Planung, Koordination und Kontrolle der Unternehmensaktivitäten bzw. der Veranstalteraktivitäten dienen.

Nehmen Sie Ihr Kongressmarketing nicht auf die leichte Schulter, nehmen Sie es mit allen Sinnen ernst, um den Zielen und den Ansprüchen Ihrer Zielgruppen gerecht zu werden.

4.2 Marketing zielführend und strategisch einsetzen

Marketing erschöpft sich nicht in singulären Maßnahmen oder Aktionismus, sondern wird zielgerichtet, langfristig und nachhaltig eingesetzt. Es ist dabei auf sämtliche Aktivitäten eines Unternehmens, einer Organisation oder eines Veranstalters hin abgestimmt und fördert das Image, das bei den Zielgruppen erreicht werden soll.

Grundlegend zu beachten sind dabei folgende Punkte:

Im Rahmen eines Marketingauftritts grundsätzlich zu beachtende Punkte

- Die Darstellung der Unternehmensphilosophie bzw. der Veranstaltungsphilosophie erfolgt unter Berücksichtigung der Projektziele, der Veranstalterziele und der jeweiligen Marktgegebenheiten.
- Es werden Leitlinien entwickelt, die die Umsetzung der Ziele nach innen und außen unterstützen und befördern.
- Ein einheitliches Image (intern und extern) muss entwickelt werden und eine Strategie, um dieses Image zu kommunizieren.
- Der Unternehmens- oder Veranstalterauftritt nach innen und nach außen ist ohne Brüche durchgängig und konsequent.
- Die gesamte Organisation und deren Vertreter sprechen in einer gemeinsamen Sprache. Damit wird bei den Zielgruppen ein Wiedererkennungswert erzielt, was bei Veranstaltungen besonders wichtig ist, da hier oftmals viele Personen aus den unterschiedlichsten Bezügen und Beziehungen zum Projekt im Rahmen dieses Projektes zusammenarbeiten und es einheitlich darstellen und repräsentieren müssen.

Die Corporate Identity bildet den Rahmen aller Marketingmaßnahmen

Richtungsweisend ist hier der Begriff der sog. Corporate identity (CI). Gemeint ist damit die Übereinstimmung von Philosophie, Leit- und Selbstbild einer Organisation mit ihrem Image in der Öffentlichkeit und bei ihren Zielgruppen. Erreicht wird dies dadurch, dass Kommunikation (Corporate Communications), Auftritt und Darstellung einer Organisation (Corporate Design) sowie das Verhalten ihrer Mitglieder und Vertreter nach innen und außen (Corporate Behaviour) den Organisationszielen entsprechend einheitlich ausgerichtet werden.

In Bezug auf das Marketing einer konkreten Veranstaltung ist zu klären

- grundlegende Zielsetzung der Veranstaltung,
- Bedarfe und Bedürfnisse und Erwartungen der Zielgruppen,

- Analyse der Leistung (Produkt = Veranstaltung), des Angebotes, der Programminhalte (wissenschaftlich, medizinisch etc.),
- Möglichkeiten der Qualitätssicherung, der Verbesserung dieses Produktes,
- Marktposition,
- Preisakzeptanz im Markt (Teilnahmegebühren etc.),
- Analyse der konkurrierenden Angebote/Veranstaltungen,
- Einsatz von Werbe- und Verkaufsförderungsmaßnahmen,
- Einsatz von Public Relations-Maßnahmen,
- Erfolgskontrolle, organisatorisch, wirtschaftlich und inhaltlich,
- Erfolgsanalyse inkl. der Entwicklungsmöglichkeiten, Wirkung im Markt.

Die strategischen Ziele Ihres Marketings entsprechen dem gewünschten Bewusstseinszustand, der sich bei Ihren Zielgruppen nach der Veranstaltung in Bezug auf Willens- und Meinungsbildung, Wissens- und Erkenntniszuwachs und letztlich auch Handlungsfähigkeit und Handlungsdispositionen herausgebildet haben soll.

Kriterien für Ziele und Zielformulierungen

Ziele und Zielformulierungen, die diesen Kriterien genügen, müssen

- subjektiv und objektiv erreichbar,
- systematisch aufbereitet und dargestellt,
- den zeitbezogenen Entwicklungen angepasst,
- komplett beschrieben und ausformuliert,
- mit den entsprechenden Mitteln und Ressourcen ausgestattet,
- für alle Beteiligten nachvollziehbar sowie
- in Bezug auf den Grad ihrer Realisierung messbar sein.

4.3 Die Zielgruppen

Für welchen Teilnehmer oder welche Teilnehmergruppe ist Ihr Kongress/Ihre Tagung besonders interessant? So lautet eine der wichtigsten Eingangsfragen, die Sie zu dem Instrument der Zielgruppenselektion bringt.

Grundsätzlich sind neben potenziellen Teilnehmern und Besuchern möglicher veranstaltungsbegleitender Ausstel-

grundsätzlich anzusprechende Zielgruppen

lungen hinaus noch folgende weitere Zielgruppen anzusprechen

- Öffentlichkeit/Medien,
- potenzielle Aussteller,
- Sponsoren.

Je besser es in dieser Phase gelingt, den Zielgruppenmarkt exakt zu beschreiben, desto besser wird es später gelingen, den Kongress bzw. die Tagung mit vorher klar bestimmten Nutzen und Informationen anzubieten.

Sie werden Werbung, Information und Argumentation besser an den Bedürfnissen potenzieller Teilnehmer ausrichten können, wenn Sie sich folgende Frage beantworten:

Wollen Sie sich auf eine einzige Zielgruppe konzentrieren oder mehrere sich überschneidende Zielgruppen ansprechen? Hierbei ist zu berücksichtigen:

- Über die Zielgruppe wird definiert, welche konkreten Teilnehmer (Teilnahmeentscheider) ein bestimmtes Erkenntnisinteresse oder eine bestimmte Kaufkraft verkörpern.
- Je aussagekräftiger die Datenbasis in dieser Richtung ist, umso genauer können Zielpersonen geworben werden.
- Es ist nicht ratsam, ein Angebot ungerichtet (d.h. ungezielt) und inflationär in den Markt zu bringen.

ZIELGRUPPEN ANGEMESSEN UND WIRKUNGSVOLL ANSPRECHEN

Werbebotschaften tragen Informations- und Suggestionsanteile

Machen Sie sich vor jeder Arbeit, die Sie entwickeln, Gedanken, welche Informations- und Suggestionsanteile Ihrer Werbebotschaft Ihre Adressaten (Zielgruppe) wahrnehmen sollen. Welchen Nutzen bieten sie und welche Bedürfnisse werden durch Ihr Angebot geweckt bzw. erfüllt?

In Bezug auf die Gestaltung und Wirkung von Werbung kann die in den USA entwickelte sog. AIDA-Formel wertvollen Aufschluss bringen.

DIE AIDA-FORMEL

A = ATTENTION Zunächst einmal muss Werbung, um überhaupt zur Kenntnis genommen zu werden, Aufmerksamkeit erzielen, muss auffallen, darf nicht übersehen werden und muss unverwechselbar sein.

I = INTEREST Beim Betrachten/Lesen einer Werbebotschaft muss Interesse geweckt werden, sodass der Wunsch entsteht weiterzulesen, die Botschaft anzusehen/aufzunehmen.

D = DESIRE Die werbliche Aussage muss nicht nur verstanden, sondern vom Leser (= Kunden) auch geglaubt werden. Der Wunsch, das Angebot wahrzunehmen/zu erleben, muss geweckt werden.

A = ACTION Letztendlich sollte die Botschaft eine Reaktion auslösen, d.h. das Angebot wird positiv aufgenommen, wenn beispielsweise telefonisch zusätzliche Unterlagen angefordert oder Coupons mit der Absicht eingesandt werden, Angebot, Leistung und Preisgelegentlich zu prüfen und/oder direkt vor Ort in Augenschein zu nehmen.

Aspekte, die für die sachgerechte Umsetzung einer Werbeaktion eine Rolle spielen

Welche Aspekte spielen nun im Einzelnen für die sachgerechte Umsetzung einer Werbeaktion eine Rolle?

AUFMERKSAMKEIT

- Werden die eingesetzten Werbemittel (z.B. Einladung) von einer hinreichend großen Anzahl von Nutzern bemerkt?
  Jede Werbung muss in ihrer Aussage neu und originär entwickelt werden. Gute Werbung funktioniert und schafft Aufmerksamkeit, indem sie Standardsituationen dramatisiert oder verfremdet, insbesondere bei Prints mit Bildern, Comics oder Karikaturen. Unterstellen Sie dem Adressaten, dass er im Umgang mit Werbung so geübt ist, dass er Ihre eventuell bewusst gestaltete Überhöhung auf die mutmaßliche Realität zurückstuft.
- Werden die wesentlichen Aussagen/Informationen/Botschaften schnell erkannt?
  Gute Werbung ist in ihrem Signal- und Informationsumfang soweit reduziert, bis nichts mehr weggelassen werden kann, ohne dass der Informationsgehalt oder die Botschaft darunter leiden.

WAHRNEHMUNG

- Wo liegen die Schwerpunkte bei der Aufmerksamkeitszuwendung?
- Wie oft werden die einzelnen Informationselemente beachtet?

Die Zielgruppen

- Sind die Beachtungsintensität und die Beachtungsdauer genügend hoch?

Erinnerung/Wiederholung
- Wie häufig und wie genau wird an wesentliche Merkmale wie den Kongressnamen oder wichtige Inhalte erinnert?
- Wie intensiv wirken die Erinnerungswerte der unterschiedlichen Werbemittel untereinander?

Assoziation
- Gibt es positive oder negative Assoziationen aufgrund der eingesetzten Werbemittel und welcher Art sind diese?
- Sind die Zuordnungen zum Kongress, zur Tagung positiv bzw. negativ?

Anmutung
- Ruft der Kontakt mit dem Werbemittel spontane Empfindungen hervor?
- Ist das Stimmungs- und Gefühlsumfeld, das mit der Veranstaltung verbunden werden soll, sinnvoll einbezogen und zum Ausdruck gebracht?

Verständnis
- Werden durch das gewählte Werbemittel die erwünschten Vorstellungen bezüglich Veranstaltung/Botschaft/Informationen/Leistungen geweckt?
- Werden die spezifischen Eigenschaften der angebotenen Leistungen/Informationen besonders positiv erlebt?
- Wird der Nutzen der Leistung für den potenziellen Interessenten als informativ, attraktiv und interessant empfunden?

Text/Bild Beurteilung
- Ist der Text klar, verständlich, einprägsam und leicht zu verinnerlichen?
- Ist der Inhalt des Textes ausreichend informativ?
- Haben die gegebenenfalls ausgewählten Bildmotive einen starken Aussagewert bezogen auf die Kongressinhalte?
- Sind die Text- und Bildanteile bezogen auf die Gesamtaussage des Kongresses sowie die angesprochene Zielgruppe ausgewogen?

Bilder kommunizieren in der Regel rascher und nachdrücklicher als Texte. Bilder werden vom gering und auch vom stark involvierten Adressaten sowohl vor dem Textteil wahrgenommen als auch länger betrachtet.

AKZEPTANZ UND IDENTIFIKATION

Identifizieren sich die Empfänger Ihres Werbemittels mit der Botschaft oder den Informationen, bzw. sind die Leistungen typisch für das zu erwerbende Produkt?

KAUFBEREITSCHAFT

Wird die Bereitschaft, Ihre Information aufzunehmen bzw. den Kongress zu besuchen, durch die Auseinandersetzung mit dem Werbemittel unterstützt beziehungsweise positiv beeinflusst?

GESAMTEINDRUCK/WIRKUNG/HANDLUNG

- Sind Ihre Werbemittel gesamtheitlich gestaltet und werden sie als komplette Einheit empfunden?
- Entsprechen sie der Zielsetzung des Kongresses bzw. der Tagung?
- Wird eine positive Entscheidung zur Teilnahme an Ihrem Kongress unterstützt?

Das Wichtigste für Ihren Kongress und Ihre Tagung ist, Aufmerksamkeit zu erzielen.

Marketingüberlegungen müssen bereits in das Veranstaltungskonzept einfließen

Damit ein Kunde als Angehöriger Ihrer Zielgruppe an Ihrer Tagung teilnimmt, muss er wissen, was Sie an Informationen, Botschaften und Dienstleistungen anzubieten haben. Deshalb sind die Instrumente und Tools des Marketing-Mix ein wichtiger und elementarer Bestandteil Ihres Veranstaltungskonzeptes.

4.4 Die Planung einer Werbekampagne

Die Werbekampagne stellt den möglichen Kunden/Zielgruppen das inhaltliche Angebot der Veranstaltung sowie deren Dienstleistungen mithilfe von Medien (Broschüren, Programmen, Ankündigungen, Einladungen, Zeitungen, Plakaten, Handzetteln, Hörfunk und Fernsehen etc.) vor und zeigt beziehungsweise begründet ihnen den Nutzen.

Auf der Basis der Veranstaltungsphilosophie und des Erscheinungsbildes (Name, Logo, Slogan, Terminologie) wird die Veranstaltung durch Werbe- und Public Relations-Maßnahmen in die Öffentlichkeit getragen.

die Veranstaltung in die Öffentlichkeit tragen

Die Zielgruppen können beispielsweise über eine Veranstaltungszeitung, entsprechende Verbandsorgane und Drucksachen wie Ankündigung, Einladung, vorläufiges Programm etc. interessiert, motiviert und mobilisiert werden.

Präsentationen auf anderen Tagungen und Veranstaltungen, die die gleiche Zielgruppe ansprechen, unterstützen den Bekanntheitsgrad der geplanten Tagung und erreichen die Zielgruppe direkt. Plakate mit Motiven aus der Zielsetzung/der Thematik heraus, Aufkleber für Autos etc. haben einen hohen Erinnerungswert.

Eine sauber geplante effektive Werbekampagne wird zu einem hohen Bekanntheitsgrad und einem verstärkten Teilnehmerzuspruch und letztlich zur gewünschten Einnahmesteigerung in Ihrem geplanten Kongressbudget führen.

Stecken Sie aber zuerst Ihre Ziele und Zielgruppen genau ab, denn erst dann können Sie Ihre Vorgehensweise exakt auswählen und planen.

Vermeiden Sie vage Vorgaben und Vorstellungen in Bezug auf Qualität und Quantität! Besser als die Maßgabe »Höhere Teilnehmerzahlen« ist das Ziel »400 Teilnehmer bis zum 30.08.«, denn nur vorher detailliert festgelegte Kriterien sind messbar und erlauben es Ihnen in der Analyse auch festzustellen, welche Ihrer Aktionen und Maßnahmen effektiv sind.

- Erstellen Sie das oder die spezifischen Profile für die Selektion Ihrer Zielgruppe.
- Entscheiden Sie sich, welche Methoden und Medien geeignet sind.
- Budgetieren Sie die Kosten Ihrer Kampagnen mit einer Reserve von 15 Prozent »für alle Fälle«.

Um eine maximale Publicity für Ihren Kongress oder Ihre Tagung zu erreichen, sollten Sie eine koordinierte Werbekampagne anstreben, die verschiedene Methoden und unterschiedliche Kanäle kombiniert. Damit erreichen Sie eine optimale Marktdurchdringung. Die eine Methode baut auf der Wirkung der anderen auf. Bestenfalls entsteht so ein Span-

koordinierte Werbekampagne, die verschiedene Methoden und unterschiedliche Kanäle kombiniert nungsbogen, der die Teilnehmer- und Ausstellererwartungen derart steigert, dass eine erfolgreiche Veranstaltung gewährleistet ist.

Für die vier Zielgruppen Teilnehmer, Öffentlichkeit und Medien, potenzielle Aussteller und Sponsoren sind entsprechende Maßnahmen festzulegen.

Vier Kommunikationspakete

So können beispielsweise vier Kommunikationspakete geschnürt werden, die im Hinblick auf diese Zielgruppen und auf die Wirtschaftlichkeit der Realisierung geeignet sind, die Veranstaltung zu profilieren:

- Werbemittel zur Teilnehmer-/Besuchermotivierung und Einwerbung,
- Public Relations-Aktivitäten,
- Aussteller-Gewinnung, Motivation und Kooperation in der Werbung,
- Sponsorenkonzept mit Leistung und Gegenleistung.

Eine Beschreibung der hier jeweils einzusetzenden einzelnen Instrumente findet sich in folgendem Kapitel.

4.5 Mediaplanung

Die Mediaplanung erfordert größte Sorgfalt, damit die gesteckten quantitativen und qualitativen Ziele erreicht werden können und schließt die Budgetbewertung ein.

Hier ist eine pragmatische Vorgehensweise erforderlich. Die Abgrenzung des relevanten Marktes erfolgt den jeweiligen Bedürfnissen entsprechend nach gleichartigen Zielgruppen und Branchen.

räumliche Abgrenzung der Aktionen

Die räumliche Abgrenzung der Aktionen (z.B. regional, national, international) ergibt sich aus den im Konzept definierten und beschlossenen Gebieten, Wirtschaftsräumen usw. Ähnlich bedeutsam ist entsprechend den im Projektablauf festgelegten Meilensteinen des Veranstaltungsprojektes die zeitliche Abgrenzung und Abstimmung der Werbeaktivitäten.

zeitliche Abstimmung der Aktionen

Unerlässlich ist schließlich die Beobachtung der Medialeistungen eventueller Mitbewerber.

Aus all diesen Ergebnissen wird die Mediataktik mit folgenden Komponenten abgeleitet:

- Wettbewerbsverhalten
- Medien-Mix (klassische vs. nicht-klassische Werbemittel)
- Werbezeiten und Abgrenzung des räumlichen Marktes
- Medienauswahl

4.5.1 Printmedien

Anzeigen

Unter Anzeigen, Inseraten oder Annoncen versteht man Bekanntmachungen in einem gedruckten Medium. Anzeigen zur Einwerbung von Kongressteilnehmern und Ausstellern sind als Marketing-Instrument weit verbreitet.

Die Gestaltung von Anzeigen zu diesem Zweck sollte professionellen Agenturen übertragen werden. Größe, Format, Gestaltung, z. B. farbig oder schwarz-weiß, richten sich nach den Medien, in denen sie geschaltet werden sollen und nach den zur Verfügung stehenden Finanzmitteln.

Die Gestaltung von Anzeigen sollte professionellen Agenturen übertragen werden

ZEITUNGSANZEIGE

Zeitungsanzeigen sind die traditionell immer noch größte Mediagattung, insbesondere im klassischen Printland Deutschland. In Bezug auf Quantität und Qualität gilt die deutsche Zeitungslandschaft international als unerreicht. Zu unterscheiden sind Zeitungen, die regional oder überregional, täglich oder wöchentlich erscheinen und solche, die stärker im Einzelverkauf oder im Abonnement vertrieben werden.

ZEITSCHRIFTENANZEIGE

Von der Zeitung unterscheidet sich die Zeitschrift in der Regel folgendermaßen:

- erscheint im Wochen- oder Monatsturnus,
- ist auf höherwertigem Papier gedruckt,
- wartet mit einer höheren Seitenanzahl auf,
- erscheint als Fachpublikation oder Special mit spezifischem, eigenständigen Cover.

Je nach Titel bieten insbesondere Anzeigen in Fachzeitschriften die Möglichkeit, bestimmte Zielgruppen zu erreichen.

insbesondere über Fachzeitschriften lassen sich bestimmte Zielgruppen ansprechen

Drucksachen

Die Herstellung der Drucksachen nimmt einen breiten Raum in der Vorbereitung eines großen Kongressprojektes ein.

Welche Drucksachen tatsächlich für ein Projekt notwendig und welche wünschenswert wären und in welcher Qualität diese hergestellt werden, hängt nicht zuletzt von den zur Verfügung stehenden finanziellen Mitteln ab. Die Kongressdrucksachen bei einem internationalen Kongress können bis zu 30 Prozent der Gesamtkosten ausmachen.

Der Gesamtumfang der Drucksachen ist daher sorgfältig zu planen, wobei drei Hauptgruppen zu unterscheiden sind:

Werbedrucksachen

- Werbedrucksachen (siehe auch Kap. 4.5.7 »Direct Mailings«), die unter dem Aspekt des Marketings, d.h. der Verbreitung der Information über die Veranstaltung sowie der werblichen Aspekte der Teilnehmereinwerbung und Ausstellereinwerbung zu sehen sind.

Programmdrucksachen

- Programmdrucksachen und Dokumentationen, alle Broschüren, die unmittelbar mit dem Verlauf und Inhalt des Kongressprojekts zu tun haben.

Organisationsdrucksachen

- Organisationsdrucksachen wie Geschäftsausstattung für die Gesamtdauer der Vorlauforganisation und Kleindrucksachen für die Administration und die Organisation der Abläufe der einzelnen Veranstaltungsteile.

Fremdanzeigen in den Kongressdrucksachen

Die Einwerbung von Fremdanzeigen in Kongressdrucksachen dient deren Finanzierung

Zur Entlastung der Kosten für die Herstellung z.B. des Tagungsprogramms oder des Ausstellungskatalogs können von Firmen, die entweder Aussteller sind oder einen anderen Bezug zu dem Kongress haben, Anzeigen eingeworben werden. Den Anzeigenkunden ist eine genaue Formatvorgabe der Drucksachen bekannt zu geben und entsprechende Anzeigenpreise sind zu vereinbaren. Diese Anzeigenpreise können durchaus marktübliche Preise sein oder auch darüber liegen. Der Anzeigenkunde weiß, dass er damit den Kongress selbst indirekt fördert und seine Zielgruppen direkt und gebündelt erreichen kann.

Dem Anzeigenkunden sollte vorgeschrieben werden, dass er die Anzeige bereits als Druckfilm/Lithographie einreicht, damit zusätzliche Produktionskosten vermieden werden.

Sonstige Printmedien

Die wichtigsten Sonderformen der Printwerbung sind:

- Supplements, z.B. die kostenlosen Radio- und TV-Beilagen in Zeitungen und Zeitschriften

- Anzeigenblätter, z. B. die kostenlosen streng lokalen Blätter, die sich allein aus dem Anzeigengeschäft finanzieren
- Kundenmagazine, kostenlos an Kunden abgegebene Medien mit Informationen und Werbung, z. B. von Fluggesellschaften, Reisebüros, Computerläden, Drogerien, Apotheken, Autoherstellern, Buchhandlungen, Verlagen, Hotels etc.
- Stadtillustrierte, lokale Printmedien mit Veranstaltungshinweisen und in der Regel Zeitgeistreportagen, die insbesondere jüngere Zielgruppen ansprechen
- Lesezirkel, eine Sammlung ausgewählter Zeitschriften, die regelmäßig ausgetauscht werden. Diese eignen sich für lose Printbeilagen, Beihefter und Aufkleber
- Berufs-, Verbands- und Vereinsmedien
- Stadtpläne, Kulturführer

Printwerbung kann durchaus als Direct-Response-Werbung fungieren, da der Kunde das Druckerzeugnis zur Bestellungsaufgabe beziehungsweise als Teilnehmeranmeldung zum Kongress nutzen kann. Ein Bestell- oder Anmeldecoupon erleichtert Ihren Kunden eine Reaktion per Fax oder Post.

Erstellen Sie eine Liste von Printmedien, die für Ihre Kongressanzeigen infrage kommen und fordern Sie deren Mediadaten inklusive Leserprofil, Streuung und Angabe der Auflagenhöhe an. Sie wählen die Medien, die am besten zur Thematik Ihres Kongresses und Ihrer selektierten Zielgruppe passen. Beachten Sie auch die Informationen über Sonderbeilagen und deren Erscheinungstag. Sie helfen Ihnen, den optimalen Zeitpunkt für die Schaltung Ihrer Anzeige zu bestimmen.

Die Mediadaten geben Auskunft über Leserprofil, Streuung und Auflagenhöhe

WICHTIGE FRAGEN FÜR EINE WIRKUNGSVOLLE ANZEIGENWERBUNG

- Was bezwecken Sie mit Ihrer Anzeige?
- Welche Printmedien liest Ihre Zielgruppe (Tageszeitung, Publikumszeitschrift, Fachzeitschrift)?
- Welche Botschaft/Information soll die Zielgruppe erreichen?
- Wann und wie oft müssen Sie inserieren, um die Botschaften/Informationen nachhaltig und effektiv zu vermitteln?

Das Anzeigendesign

Ein Kongress-, Tagungs- oder Unternehmenslogo hebt im Sinne der Corporate Identity (siehe Kap. 4.2) die Identität hervor. Unter- und Zwischentitel, Illustrationen, Grafiken werden von den Lesern zuerst überflogen. Mit einer Farbanzeige erreichen Sie hundert Prozent mehr Aufmerksamkeit und Leser als mit einer schwarz-weißen.

Alle Elemente einer Anzeige wie Text, Bild und Layout müssen die Zielgruppe genau erreichen bzw. »berühren«.

komplexe, anstrengende Informationstexte vermeiden

Dazu formulieren Sie eine klare, einfache Aussage und vermeiden komplexe, anstrengende Informationstexte. Alle Bausteine Ihrer Anzeige müssen sich gegenseitig ergänzen, d. h. zusammenspielen. Verbinden Sie alle Elemente durch ein Layoutkonzept, das ins Auge springt und Ihre Zielgruppe zu einer Reaktion veranlasst.

SO KOMMT IHRE ANZEIGE AN

- Formulieren Sie eine Schlagzeile, die Aufmerksamkeit erregt (80 Prozent der Leser beachten den Rest der Anzeige nicht).
- Integrieren Sie Bilder. Bilder werden vom Leser zuerst erforscht, erzeugen Empfindungen und regen zu weiterem Lesen an.
- Texten Sie Bildunterschriften, die die Botschaft des Bildes hervorheben und verstärken oder einen wirkungsvollen Kontrast dazu setzen. Bildunterschriften werden zu hundert Prozent mehr gelesen als der Fließtext.
- Ihr Fließtext (der eigentliche Anzeigentext) muss schnell und leicht lesbar, aktuell, informativ (nicht zu informationsintensiv) und überzeugend sein und auf konkrete Reaktionen abzielen.

Grundsätzliche Umsetzungsleitlinien für Printmedien

Grundsätzliche Umsetzungsleitlinien für Printmedien sollten sein:

EINHEITLICHE VISUALITÄT

hoher Wiedererkennungswert durch …

Wenn konsequent nur vorgegebene visuelle Gestaltungselemente verwendet werden, z. B. die Hausfarben, kommt es zu einer starken optischen Geschlossenheit eines werblichen Auftritts, womit ein hoher Wiedererkennungswert erreicht wird.

... optische Geschlossenheit eines werblichen Auftritts

Wahrung von Stilkonstanten

Das Gleiche gilt für die Vorgabe und Beachtung von identischen Gestaltungselementen, welche durchgängig durch alle Werbeelemente und -phasen berücksichtigt und eingesetzt werden müssen. Diese Stilkonstanten sollten sich während der gesamten Projektdauer nicht mehr ändern.

... und Wahrung von Stilkonstanten

Die richtige Tonalität treffen

Unter Tonalität versteht man den Stil der Ansprache in Printmedien. Dieser ist besonders wichtig, da hier das Verhältnis zwischen dem Absender des Printmediums und der angesprochenen Zielgruppe zum Ausdruck kommt. Je eindeutiger die Tonalität Erkenntnisinteresse und Sprache der Zielgruppe trifft, desto wirkungsvoller ist die Anzeige.

4.5.2 Außenwerbung

Plakat

Stationäre Außenwerbung mittels Plakaten eignet sich insbesondere für Veranstaltungen, die breitere Zielgruppen flächendeckend ansprechen sollen. Achten Sie dabei auf plakatspezifisch reduzierte, großzügige Gestaltung in Text und Bild als Voraussetzung für einen gelungenen Botschafts- und Informationstransfer.

breitere Zielgruppen flächendeckend ansprechen

Mobile Aussenwerbung

Straßen-, U- und S-Bahnen sowie Omnibusse sind buchstäblich die klassischen Vehikel der Verkehrsmittelwerbung. Im nationalen wie internationalen Bereich ist Werbung in Zügen, Flugzeugen und Schiffen möglich, wie auch Trendwerbung in oder auf Taxis.

Bisher wurde Verkehrsmittelwerbung trotz hoher Kontaktfrequenz und guter Steuerbarkeit in Bezug auf Raum und Zeit vernachlässigt. Erst in den letzten zwei Jahren haben pfiffige Agenturen mit ebenso pfiffigen Kampagnen einige Beachtung auf sich gezogen. Generell sind die entsprechenden Kosten überschaubar.

4.5.3 Klassische elektronische Medien

FERNSEHWERBUNG

Fernsehspots gewinnen für die Kongress- und Tagungsbranche erheblich an Bedeutung

Ein anderes, zukünftig auch für Kongresse und Tagungen wichtiges Werbemittel können Spots im Fernsehen sein. Das in Deutschland duale Rundfunk- und Fernsehsystem (öffentlich-rechtlich/privat) ist permanent im Umbruch begriffen. Seit die Programme an Zahl und Diversifizierungsgrad gewonnen haben (Spartensender), und sich die Reichweite infolge der zunehmenden Verkabelungsdichte und Empfangsmöglichkeiten per Satellit erhöht hat, gewinnen Fernsehspots hierzulande auch für die Kongress- und Tagungsbranche erheblich an Bedeutung und sind zukünftig in die Mediaplanung mit einzubeziehen.
Grundsätzlich sind zu unterscheiden:

- Öffentliche Programme sind flächendeckend empfangbar. Sie sind in aller Regel auch für Sie und Ihren Kongress zugänglich und haben sich als Massenmedium qualifiziert.
- Nichtöffentliche Programme werden im Rahmen selektiver Mediennutzung zukünftig immer bedeutsamer und interessanter. Sie sind nicht flächendeckend zu empfangen und in der Regel auch nicht für jeden zugänglich. Sie richten sich räumlich wie auch zeitlich an eine enger definierte Zielgruppe, z.B. als Board TV in ICE-Zügen, Flugzeugen, Bussen, Schiffen oder auch als Hotel TV etc. Dieser Trend wird sich ausweiten, insbesondere im Bereich des Interactive TV (Zweiwegekommunikation).

Interactive TV: Programme, die ein direktes Feedback zulassen

  Solche Programme, die ein direktes Feedback des Betrachters (z.B. Infos zum Kongress, Anmeldung zum Kongress) als Reaktion auf den soeben empfangenen Sendespot zulassen, werden auch verstärkt Ansatzpunkte für die Tagungsbranche bieten!

TV-Werbung ist technisch weit anspruchsvoller und komplexer in ihren Anforderungen als die anderen Medien im Marketing-Mix. Bedienen Sie sich einer Agentur, einerseits um feststellen zu lassen wie, wann und wo Sie am effektivsten für Ihren Kongress werben könen und andererseits, um kreative Konzepte und Vorschläge zu bekommen und die Organisation und Produktion professionell überwachen zu lassen. Berücksichtigen Sie bei der Auswahl der Agentur deren Kreativität, Erfahrung und Kompetenz sowie die Gesamtkosten.

HÖRFUNKSPOTS

Im Hörfunkbereich sind Sonderwerbeformen und -konditionen besser aushandelbar als im Fernsehen. Allerdings erzielt Radiowerbung einen geringeren Aufmerksamkeitswert, auch wenn die Kosten-Reichweite-Relation vergleichsweise günstig ist.

Im Hörfunkbereich sind Sonderwerbeformen und -konditionen aushandelbar

Werbesonderformen bei privaten Rundfunksendern sind:

- INFOMERCIAL: im Stil von Informations-/Dokumentationsreports aufbereitete Spots
- PROMOTIONSPIELE: Kombinationsformat aus Promotion und Werbung am Kongressort durch mobile Übertragungsfahrzeuge, z.B. Fragespiel zum Kongress
- LIVE-WERBUNG: Werbung durch Moderatoren live im Studio oder Telefonpromotion für Zuhörer durch Anruf. Firmenveranstaltungen in Public Service Announcements werden oft einbezogen
- PROGRAMMING: gezielte Platzierung von Spots im Umfeld zielgruppeninteressierter Redaktionen
- NARROW CASTING: Form der Spotwerbung, bei der der themenbezogene Werbespot vor oder unmittelbar nach dem themenverwandten Programmereignis/Report gesendet wird

Da viele Menschen im Auto, am Arbeitsplatz und zu Hause – gerade auch im Hintergrund neben anderen Tätigkeiten – Radio hören, kann Werbung über dieses Medium eine effektive Methode sein, Kongressinformationen oder eine Tagungsbotschaft zu vermitteln.

Die Vorteile sind:

- Ein Radiospot ist vom Hörer schwerer zu ignorieren als eine Printanzeige.
- Musik und Soundeffekte können äußerst suggestiv wirken und Informationen erlebbar machen.
- Der Hörer muss sich nicht anstrengen, um Ihre Botschaft zu verstehen.
- Ihr Lokalsender ist finanzierbar und erlaubt räumlich sehr gezielte Werbung für Ihren Kongress oder Ihre Tagung.

Spots in Lokalsendern sind finanzierbar

Nachteile, die Sie abzuwägen haben:
- Ihre Hörer müssen gegebenenfalls wichtige Einzelheiten mitnotieren.
- Werbung im Radio wirkt weniger nachhaltig als andere Werbemedien.
- Radiospots sprechen nur das Ohr und nicht das Auge an.

KINOSPOT

Kinospots erlauben eine exakte räumliche Ansprache

Der heutige hohe technische Standard und das gute Organisationslevel der Lichtspielhäuser, die mittelfristige Verfügbarkeit, genaue räumliche Zielansprache sowie die vergleichsweise geringen Einschaltkosten bieten eine weitere gute Planungsbasis.
Als Werbeformen kommen für Sie in Betracht:
- Werbe(kurz)film
- Spot
- Diawerbung und tönendes Dia

4.5.4 Kriterien für die Medienauswahl

Im Rahmen der Auseinandersetzung mit allen vorgenannten, sog. klassischen Medien ist eine Bewertung nach folgenden Kriterien vorzunehmen.

AUS TECHNISCHER SICHT
- *VERFÜGBARKEIT*
  Die Möglichkeit des Zugriffs auf Medien muss geprüft werden. Beispielsweise sind Werbespots in Fernsehformaten nur in begrenztem Maße verfügbar, in Zeitungen und Zeitschriften sind Anzeigen dagegen praktisch jederzeit möglich.
- *BUCHUNGSFRISTEN*
  Die Zeitabstände zwischen Auftrag und Schaltung sind bei TV-Spots, insbesondere bei den öffentlich-rechtlichen Sendern, sehr lang, betragen bei Tageszeitungen hingegen nur ein bis zwei Tage.
- *KONTAKTHÄUFIGKEIT*
  Die Häufigkeit des Kontaktes der Zielgruppe mit der Werbebotschaft ist je nach gewähltem Medium unterschiedlich. Während ein TV-Spot nur wirkt, während er ausgestrahlt wird, kann eine Zeitungsanzeige einen Leser mehrfach ansprechen und darüber hinaus auch verschiedene

Personen erreichen, wenn die Zeitung z. B. in einem Wartezimmer ausliegt.

- *ZIELUNG*
  Die Feinsteuerung des Mediums sollte so vorgenommen werden, dass die gewünschte Zielgruppe möglichst exakt angesprochen wird und weder Streulücken noch Streuverluste auftreten.
- *STREUGEBIET*
  Die räumliche Ausbreitung des Mediums muss gewährleisten, dass die Zielgruppe möglichst flächendeckend erreicht wird.

AUS ÖKONOMISCHER SICHT

- Schaltkosten für das entsprechende Medium
- Budgetrahmen, in der Regel eng angesetzt
- Produktionskosten für Anzeigen, Spots etc., von 100 Euro für eine Kleinanzeige bis ohne weiteres 150.000 Euro für einen durchschnittlich aufwändigen Fernsehwerbespot

AUS QUALITATIVER SICHT

- Angemessenheit des eingesetzten Mediums und Nähe zu Kongressthema und -charakter
- Wahrheitsgehalt und Glaubwürdigkeit der werblichen Aussage
- Neuigkeitscharakter: Ist die Aussage des Mediums aktuell?
- Regionalbezug als räumliche Relevanz
- Informationsgehalt: Kann das Medium die Botschaft entsprechend interpretieren?
- Nutzungsintensität: Eignung für Mehrfachkontakte

4.5.5 Neue Medien

Unter Neuen Medien versteht man in der Regel alle elektronischen Medien, die nicht zu den »klassischen Medien« gehören.

Erst in den letzten Jahren wurden durch neue technische Möglichkeiten diese Medien erschlossen. Hier stehen viele Entwicklungen kurz vor der Markteinführung und es ist abzuwarten, inwieweit sie von der Kongress- und Tagungsbranche als Werbevehikel nutzbar gemacht werden können bzw. schon einsetzbar sind.

Die folgenden Medien hingegen haben sich als Werbeträger etabliert und in der jüngeren Vergangenheit zunehmend bewährt.

Internet

eine Kommunikations-, Informations- und Interaktionsplattform, die in ihren Nutzungsmöglichkeiten für das Marketing unerschöpflich scheint

Das weltumspannende Datennetz ist auch für die Tagungs- und Kongresswelt zunehmend attraktiver geworden. Das Internet ist heute eine Kommunikations-, Informations- und Interaktionsplattform, die in ihren Nutzungsmöglichkeiten für das Marketing schier unerschöpflich scheint.

Die Website als Werbeträger für Kongresse

Die Website ist eine geeignete Plattform für kongressspezifische Text-, Bild- und Toninformationen. Hier können alle relevanten Daten und Botschaften eingestellt und von Teilnehmern und Interessenten individuell abgerufen werden.

Abruf und Organisation von Informationen, Werbebotschaften, Teilnehmermanagement, Abstractverwaltung etc. zu einem Kongress sind somit problemlos möglich. Über bestimmte, der Allgemeinheit nicht zugängliche Paßwörter lassen sich zudem zielgruppenspezifische Informationen kanalisieren.

Die Homepage bietet einen Überblick und vermittelt den wichtigen ersten Eindruck

Die Homepage (Einstiegsseite) bietet einen Überblick über Kongress bzw. Tagung und vermittelt den wichtigen ersten Eindruck, der häufig darüber entscheidet, ob der Nutzer auf der Site bleibt oder weitersurft.

Ihre Gestaltung hängt von der Zielgruppe und den zu vermittelnden Informationen ab. Darüber hinaus kommt es besonders auf die Funktionalität des gesamten Webauftrittes an, z. B. die Interaktionsmöglichkeiten wie E-Mail-Anbindung etc.

Unerlässlich dabei ist die problemlose, schnelle und komfortable Führung (Navigation) des Nutzers durch das gesamte Angebot der Website.

prinzipielle Kriterien für Online-Werbeträger

Für Online-Werbeträger sind prinzipiell folgende Kriterien maßgebend:

- *NIVEAU*
  Inhalt und Gestaltung müssen sich auf hohem Niveau befinden. Informationen sind ausführlich, seriös und ansprechend im Design.

- *AKTUALITÄT*
  Je aktueller die Informationen, umso regelmäßiger und intensiver werden die Webseiten genutzt, Neues sollte also schnell und übersichtlich im Internet veröffentlicht werden.
- *HANDLING*
  Die Nutzung muss schnell und einfach (intuitiv) funktionieren.

Je aktueller die Informationen, umso regelmäßiger und intensiver werden die Webseiten genutzt

ONLINE-WERBEFORMEN

Neben der eigenen Website für Ihren Kongress bieten sich darüber hinaus noch weitere interessante Möglichkeiten der Online-Werbung auf fremden Websites an, die thematisch oder zur Zielgruppe in Beziehung stehen

BANNER sind Anzeigen auf einer Webseite, die mit anderen www-Seiten z.B. als Link zu Sponsoren, verknüpft sind. Banner sind in unterschiedlichsten Formen gestaltet und entwickelt. Die besten sind ausgesprochen werbewirksam und bieten eine weitere reizvolle Interaktionsmöglichkeit für den User, eine wertvolle Serviceleistung für den möglichen Sponsor sowie möglichen Zusatzumsatz für den Betreiber.
Man unterscheidet

Banner sind Anzeigen auf einer Webseite, die mit anderen www-Seiten verknüpft sind

- *STATISCHE BANNER*
  Wenn der User hineinklickt öffnet sich die Webseite des Anbieters, je nach Programmierung in einem neuen Fenster.
- *ANIMIERTE BANNER*
  Er besteht aus verschiedenen Sequenzen, bis hin zu einer flüssigen Animation.
- *HTML-BANNER*
  Hier können zielgruppenspezifische Informationen beispielsweise über ein Pull-Down-Menü abgerufen werden, Erweiterungen bis hin zu Abstimmungen und Gewinnspielen sind möglich.

ONLINE-MARKETING

Sichern Sie sich Wettbewerbsvorteile mit einer eigenen Kongress- oder Tagungswebsite. Nutzen Sie das Internet zukünftig als einen Ihrer effektiven Absatzkanäle.
Die Vorteile zusammengefasst sind:

Sichern Sie sich Wettbewerbsvorteile mit einer eigenen Kongress- oder Tagungswebsite

- Das Internet überträgt komplexe Informationseinheiten.
- Neue Zielgruppen und Märkte werden für Sie erreichbar.

- Es wird ein unmittelbares Kundenfeedback ermöglicht.
- Es funktioniert in der Regel an allen Orten der Welt, rund um die Uhr.
- Werbung im Internet ist relativ günstig, interaktiv und kann einen gewollten Unterhaltungs- und Erlebniswert sicherstellen.

Kriterien für eine wirkungsvolle Website

Beachten Sie darüber hinaus:
- Das Design Ihrer Website sollte Ihrem Unternehmens- bzw. Kongressimage Rechnung tragen.
- Ihre Website sollte sich schnell aufbauen, die Navigation wenig Zeit in Anspruch nehmen, einfach, übersichtlich und nachvollziehbar sein.
- Ein Mausklick sollte jeweils genügen, um zur Übersicht auf der Homepage zurückzugelangen bzw. weitere Interaktionen zu aktivieren, z.B. mit einem Klick zu Ihrer E-Mail-Adresse gelangen.
- Ihre Webseiten müssen regelmäßig und sorgfältig administriert, insbesondere kontinuierlich aktualisiert werden.

ZIELE DES INTERNETEINSATZES
- Verbesserung und Steigerung des Bekanntheitsgrades
- Selbstdarstellung und Imagepflege
- Stärkung der Kundenbindung
- Ansprache und Erschließung neuer Zielgruppen
- Neukundengewinnung
- Interessentengewinnung
- Abwicklung von Transaktionen unterstützen und erleichtern (Anmeldeformular, Kongressgebühr etc.)
- Erschließung neuer Absatzgebiete
- Serviceverbesserung – Kundendienstleistung
- Umsatzsteigerung

E-Mails bieten die Möglichkeit, schnell und kostengünstig Informationen zu übermitteln

E-Mail (Electronic Mail)

E-Mails sind eine effektive Art, die Kommunikation von Texten, Bildern und Klangdateien, zielgruppenspezifisch, national wie international, schnell, flexibel und vor allem kostengünstig umzusetzen. Es bietet sich die Möglichkeit, direkte Responsemöglichkeiten einzubauen.

Regelmäßig per E-Mail versandte Newsletter versorgen Interessierte mit relevanten Informationen und dienen so der Kundenbindung.

die besonderen Merkmale von Online-Medien

Zusammenfassend noch einmal die besonderen Merkmale von Online-Medien:

- Multifunktionalität: Informationen können sowohl »one to one« im Rahmen von Individualkommunikation als auch »one to many« im Rahmen von Massenkommunikation verbreitet werden.
- Multimedialität: Text, Bild und Ton können gleichermaßen transportiert werden.
- Individualität: Aus entsprechenden Modulbausteinen können personalisierte Botschaften, Nachrichten und Informationen zusammengestellt und abgerufen werden, womit eine punktgenaue Ansprache erreicht wird.
- Aktualität: Inhalte, die online angeboten werden, lassen sich relativ einfach aktualisieren.
- Ortsungebundenheit: Informationen können prinzipiell jederzeit an jedem Ort der Welt abgerufen werden. Botschaften und Informationen sind grenzenlos präsent.
- Interaktivität: Grundsätzlich besteht die Möglichkeit zur wechselseitigen Kommunikation und damit zur Dialogfähigkeit zwischen Zielgruppe und Informationssender.

CD-ROM

Es besteht auch die Möglichkeit, die Vorteile digitaler Medien offline zu nutzen. Ein in diesem Sinne häufig eingesetztes Vermarktungsmittel sind Daten-CDs. Auf einer CD-ROM lassen sich etwa 600 MB Daten speichern, was ca. 300.000 Druckseiten entspricht. Angereichert mit Multimedia-Elementen (Videos, Musik, Sprache) werden sie immer öfter in Kombination mit einem Printmedium/Einladungsfolder verschickt, um den interessierten Teilnehmer, Aussteller etc. mit allen relevanten Informationen zu versorgen. Das in der Tagungs- und Kongressbranche typische CD-Produkt ist die CD-I, die eine Interaktion mit dem Benutzer ermöglicht. Dieser kann die Informationen des Datenträgers nach eigenem Ermessen individuell steuern.

Marketing- und Kommunikationsinstrumente im Rahmen übergreifender Aktivitäten

Immer öfter werden im Zuge integrierter Produkt- oder Unternehmensstrategien deren Marketing- und Kommunikationsinstrumente im Rahmen übergreifender Aktivitäten eingesetzt.

Neben den bekannten und zur Verfügung stehenden klassischen Werbemitteln werden dann je nachdem auch Instrumente wie

- Schauwerbung (Messen und Ausstellungen),
- Direktwerbung/Direct Mailing und
- Public Relations/Öffentlichkeitsarbeit

als »Basics« verstanden

4.5.6 Schauwerbung: Messen und Ausstellungen auf Tagungen und Kongressen

Ausstellungen und Messen bieten ein attraktives Angebot, das die Kongress- oder Tagungsthemen repräsentiert oder einen sinnvollen Zusatznutzen schafft. Über die gesamte Veranstaltungsdauer hinweg kann sich dieses Angebot an eine Vielzahl von physisch anwesenden Personen wenden. Neben den Kongressteilnehmern können auch Besucher aus der Region angesprochen werden.

Aufgrund ihres Erlebnischarakters können Ausstellungen Inhalte viel aktiver vermitteln als andere Kommunikationstools

Begleitende Ausstellungen haben in der Regel einen hohen Erlebnischarakter und sprechen alle menschlichen Sinne an. Aufgrund dieses Erlebnischarakters können Ausstellungen im direkten räumlichen Umfeld von Kongressen und Tagungen Informationen und Botschaften über ein Angebot viel intensiver, zielgerichteter und aktiver vermitteln als andere Kommunikationstools.

Deswegen sind viele Veranstalter bemüht, ihren Kongress durch Messen und Ausstellungen zu bereichern.

Entscheidungshilfen für mögliche Aussteller

Eine Entscheidungshilfe für mögliche Aussteller sind konkrete Informationen über

- Zielsetzung und
- Erfolgschancen,
- Zielgruppen-Ansprache und
- Ausstellungskonzeption.

Darin integriert sollte enthalten sein

- eine Nomenklatur (Stichwortverzeichnis der Ausstellungsschwerpunkte),
- Anmeldeschluss,

- eine Beschreibung der Ausstellungsmodalitäten,
- ein Werbemittel-Angebot über abrufbare kostenlose Werbemittel für Eigenwerbung.

Vorteile einer Ausstellungsbeteiligung für Aussteller

Vorteile, die ein Veranstalter potenziellen Ausstellern im Rahmen einer Ausstellungsbeteiligung bei Kongressen weiterhin argumentieren und bieten kann:
- Orientierung über die eigene Position im relevanten Markt/ die Mitbewerber der Branche,
- Entdecken von Marktnischen,
- Förderung persönlicher Kontakte zu Meinungsbildnern, Anwendern von Produkten und Nutzern von Dienstleistungen,
- Response über Bedürfnisse, Wünsche und Ansprüche der Abnehmer,
- Sammlung von Marktinformationen in qualitativer und quantitativer Hinsicht,
- Vorstellung von Produktinnovationen,
- Steigerung der Bekanntheit bei interessierten und potenziellen Kunden,
- Terminvereinbarungen für persönliche Follow-up-Meetings mit Interessierten.

Ziele der Ausstellungsbesucher

Mögliche Ziele der Ausstellungsbesucher sind u.a.
- Identifizierung von speziellen Produkten/Dienstleistungen und deren Anbietern,
- frühzeitige Erkennung von Branchentrends,
- persönliche Weiterbildung,
- Ausbau bestehender Geschäftskontakte,
- Anregung für Anwendungsmöglichkeiten neuer Produkte,
- Vergleich von Preisen und Konditionen der Anbieter,
- Marktübersicht,
- konkrete Kaufabsichten.

4.5.7 Direktwerbung (Direct Mailing)

individuell gestaltete und persönlich adressierte Sendungen

Direktwerbung ist ein Werbemedium, bei dem selektierten Zielgruppen per Post individuell gestaltete und persönlich adressierte Sendungen zugestellt werden.

Da die Wirksamkeit der Mailings von der Qualität der verwendeten Adressen abhängt, ist eine gut gepflegte, aktuelle und exakte Mailing-/Adressliste unumgänglich. Machen Sie Ihre vorhandenen Teilnehmerlisten von früheren Kongressen zum Grundstock Ihrer neuen Werbekampagne und erweitern Sie diese kontinuierlich um neue Zielgruppen.

Eine gute Adresskartei garantiert geringe Streuverluste und damit in der Regel hohen Teilnehmer-Response

Pflegen Sie Ihre Adresskartei in regelmäßigen Abständen. Eine gute Adresskartei garantiert geringe Streuverluste und damit in der Regel hohen Teilnehmer-Response.

Wenn Sie Ihre Adressdatei erweitern müssen oder neue Kundenadressen suchen, bedienen Sie sich eines renommierten Adressenversandes, der Ihnen die gewünschte Datei entsprechend Ihrem speziellen Zielgruppenprofil liefert. Klären Sie dabei folgende Kriterien:

- Wie wurde die Liste erstellt und gepflegt bzw. wann wurde sie das letzte Mal aktualisiert?
- Wie effektiv ist die Liste?
- Wie hoch ist die prozentuale Rücklaufquote in der Regel?
- Können Sie die Liste z.B. auch auf Diskette oder CD erhalten, sodass sie sich direkt auf Adressaufklebern ausdrucken lässt?

Unpersönliche Mailings sollte man vermeiden

Verwenden Sie bei Ihren Mailingaktionen die unmittelbare und exakte Ansprache Ihres Adressaten. Unpersönliche Mailings (Werbebriefe, Prospekte, Vorankündigungen) sollte man vermeiden. Sie werden oft zu lästigen Drucksachen, die beim Empfänger, meist ungelesen, in der Ablage »Papierkorb« landen.

Ein wirkungsvolles Mailing sollte idealerweise mehrere der nachstehenden Elemente beinhalten:

- personifiziertes Anschreiben (unerlässlich),
- Kongressprospekt, Informationsfolder oder Broschüre,
- CD mit allen relevanten Informationen,
- Kunden-Newsletter,
- Anmeldeformular,
- frankierten Rückumschlag.

Der Umschlag ist ein wesentlicher Bestandteil eines Mailings

Berücksichtigen Sie dabei aber auch den entsprechend gestalteten Umschlag. Der Umschlag ist ein wesentlicher und wichtiger Bestandteil eines Mailings.

Originell gestaltete Umschläge sowie ausgefallene Formate und ungewöhnliche Oberflächenstrukturen werden mit Sicherheit eher die Aufmerksamkeit Ihrer Adressaten finden als Standardumschläge.

Die Zahl der Teilnehmer an einer Veranstaltung wird nicht zuletzt von Art, Gestaltung und Präsentation der Broschüren abhängen und der Wirsamkeit der direkten Ansprache des potenziellen Teilnehmers (Kunden).

Vorprogramme werden in der Regel bereits 6 bis 7 Monate vor Beginn der Veranstaltung versandt. Sie enthalten (teilweise aufbauend in mehreren Broschüren) u.a.:

Vorprogramme werden in der Regel 6 bis 7 Monate vor Beginn der Veranstaltung versandt

- die Zielsetzung;
- die Zielgruppen, an die sich die Veranstaltung wenden will;
- Information zum Veranstalter und den Beteiligten, gegebenenfalls auch zu Sponsoren;
- die Regularien (Anmeldung, Termine, Gebühren, vorläufiger Zeitplan);
- Themen, Programmraster, Referenten, zumindest bekannte Persönlichkeiten;
- Information zum Veranstaltungsort, Wegweiser etc.;
- einen Informationscoupon (Formular), mit dem der potenzielle Interessent sein Interesse an einer Teilnahme oder sogar schon seine Teilnahmebereitschaft anzeigen kann.

4.5.8 Public Relations und Öffentlichkeitsarbeit

Public Relations sind ein Kommunikationsinstrument, das Planung, Organisation und die Durchführung aller Aktivitäten eines Kongresses begleitet, um bei ausgewählten Zielgruppen um Vertrauen und Verständnis zu werben und damit die Kongressziele zu erreichen sowie die Intentionen des Veranstalters umzusetzen.

Der Anspruch an die Öffentlichkeit zu treten, hilft in der Regel die Kongress- und Tagungsphilosophie konkret und nachvollziehbar zu formulieren, bestimmt deren Zweck und fördert einen einheitlichen Auftritt im Sinne der Corporate Identity des Veranstalters.

Der Anspruch an die Öffentlichkeit zu treten, hilft in der Regel die Kongress- und Tagungsphilosophie konkret und nachvollziehbar zu formulieren

Öffentlichkeitsarbeit ist somit das Bemühen, geplant und bewusst über einen mitunter langen Zeitraum hinweg das Verständnis und bestenfalls Interesse von Öffentlichkeit und Zielgruppen für eine Veranstaltung aufzubauen und zu pflegen.

Dabei finden Sie die relevanten Akteure im Umfeld Ihrer Kongressvermarktung:

- in Ausbildung, Wissenschaft, Forschung und Lehre;
- in Lobbies bei Bund, Länder und Gemeinden;
- in öffentlichen Verwaltungen, privaten Institutionen, Verbänden, Vereinen und Gemeinschaften;
- in Botschaftsmärkten und Absatzmärkten.

Die Multiplikatoren der Öffentlichkeits- und PR-Arbeit sind Journalisten, Prominente und Wissenschaftler

Die Multiplikatoren der Öffentlichkeits- und PR-Arbeit sind Journalisten, Prominente und Wissenschaftler. Mit dem Ziel der Anbahnung und Festigung entsprechender Kontakte und der Beeinflussung der Berichterstattung werden Pressegespräche, Pressekonferenzen und Redaktionsbesuche durchgeführt und darüber hinaus Newsletter und Rundschreiben entworfen und versandt.

Folgende Instrumente können die kontinuierliche Information und Motivation der Medien unterstützen.

- NEWSLETTER
  Ein sporadisch erscheinendes Informationsmittel im redaktionellen Stil, das über Aktuelles im Fokus und auch den Randbereichen der Thematik und über Personen berichtet sowie über den Entwicklungsstand der Veranstaltung informiert (bei Verbänden, Firmen etc. die hausinterne Zeitschrift, das Verbandsorgan etc.)
- BASIS-INFO-MAPPE
  Eine Pressemappe informiert zu Beginn des Veranstaltungsjahres infrage kommende Redaktionen über Zielsetzung, Philosophie, Veranstalter und thematische Schwerpunkte, gegebenenfalls mit einem PR-Geschenk oder einem Plakat.
- PRESSE-KOOPERATION
  Mit gleichgesinnten Organisationen, Verbänden und Institutionen, die über einen Verteilerschlüssel in alle Maßnahmen integriert sind, können Kooperationen eingegangen werden, um Aktionen zu bündeln und Synergieeffekte zu nutzen.

Um die PR-Aktivitäten wirkungsvoll steuern zu können, ist es ist wichtig, Aufschluss über deren Echo und die Entwicklung des Veranstaltungsthemas in den Medien zu erhalten. Täglich bringen Tageszeitungen, Zeitschriften und Fachorgane redaktionelle Beiträge, die in Zusammenhang mit der Thematik oder gar der Veranstaltung selbst stehen können. Diese Beiträge sind zu sammeln, auszuwerten und ggf. in einem Veranstaltungs-Pressespiegel zusammenzutragen. Im Falle hohen öffentlichen Interesses kann es sinnvoll sein, hiermit einen professionellen Medienbeobachtungsdienst (sog. Ausschnittdienst) zu beauftragen.

Ein Ausschnittdienst informiert über das Presse-Echo

Bei Tagungen mit breitem Themenspektrum könnte aus dem Pressespiegel sogar ein Buch entstehen, das als PR- oder Teilnehmer-Geschenk auf der Veranstaltung ausgegeben werden kann.

Die Sponsoren erhalten in der Regel eine herausragende Stellung bei allen Aktivitäten in der Öffentlichkeitsarbeit. Je medienwirksamer eine Veranstaltung ist, desto größer sind die Chancen, Sponsoren zu gewinnen (zu Sponsoring siehe auch Teil C, Kap. 3.2). Eine weitgehende Affinität in den Zielen und Zielgruppen zwischen Sponsor und Begünstigtem sollte gegeben sein. Der Sponsor sollte die Möglichkeit zur Selbstdarstellung und zu eigenen Aktivitäten haben.

Je medienwirksamer eine Veranstaltung ist, desto größer sind die Chancen, Sponsoren zu gewinnen

Da es letztlich Ziel jeder Tagungsveranstaltung ist, über die Gewinnung konkreter Teilnehmer und Besucher hinaus auch ein größeres Fachpublikum oder die breite Öffentlichkeit anzusprechen und zu informieren, kann die Bedeutung der Öffentlichkeitsarbeit nicht genug hervorgehoben werden.

Im Folgenden daher abschließend noch einige Checklisten, die helfen sollen, die entsprechenden Abläufe zu planen und zu koordinieren.

Checklisten zu PR und Öffentlichkeitsarbeit

CHECKLISTE FÜR DAS WERBE- UND PR-KONZEPT ALLGEMEIN

- WEN möchte ich erreichen?
- WIE möchte ich jemanden erreichen?
- WANN möchte ich jemanden erreichen?
- WO möchte ich jemanden erreichen?
- Welches BUDGET steht wofür zur Verfügung?
- Welche MASSNAHMEN müssen wann wie eingeleitet werden?

- Welche MEDIEN sollen zielgruppengerecht eingesetzt werden?
- Welche TERMINABFOLGEN und Meilensteine sind zu beachten?
- Wie sollen jeweils AKTUELLER STATUS und ERFOLG kontrolliert werden?

CHECKLISTE FÜR DIE KONKRETE PRESSEARBEIT

- Konzeption (Zieldefinition – Zielgruppenanalyse)
- Erstellung eines Presseverteilers mit möglichen Kooperationspartnern (lokal, regional, national, international, Fachpresse)
- Zeitplanung
- Beauftragung von Pressediensten
- Erstellung von Pressemappen (Berichte, Fotos)
- Aussendung von Presseeinladungen
- Durchführung von
  - Pressekonferenzen
  - Pressegesprächen
  - Interviews, Talks
- Regelung der Presseakkreditierung
- Einrichtung eines Pressezentrums/entsprechender Arbeitsplätze für Journalisten
- Organisation der Pressebetreuung
- Erstellen eines Pressespiegels

CHECKLISTE FÜR PRESSEMELDUNGEN

FORM

- Ansprechpartner mit Adresse, Telefonnummer etc.
- Breiter Rand
- einseitig
- anderthalb- bis zweizeilig
- 45 bis 60 Zeichen pro Zeile
- Sperrfristvermerk
- Kurz- und Langfassung

INHALT
- einen attraktiven Titel als »Aufhänger« suchen
- vom Höhepunkt über Zusatzinformationen zu den Einzelheiten führen
- sich an W-Fragen orientieren (Was?, Wer?, Wann?, Wo?)
- das »Warum?« nie unbeantwortet lassen
- nie »Meinung« machen, sondern sachlich bleiben (Journalisten verübeln Beeinflussung)
- Inhalte ordnen und »Fahrplan« erstellen
- einfach schreiben
- Fremdwörter, Substantivierungen und Abkürzungen meiden, Vornamen ausschreiben
- keine (suggestiven) Hervorhebungen verwenden
- beim Wesentlichen bleiben, sich kurz fassen

5 STRUKTUREN UND FÜHRUNG

5.1 Die Besonderheiten von Veranstaltungsprojekten

Die Organisation von Veranstaltungen findet in ganz unterschiedlichen Umfeldern und Strukturen statt. So kann es sich handeln um

Die Organisation von Veranstaltungen findet in ganz unterschiedlichen Umfeldern und Strukturen statt

- ein Kongresshaus, in dem als ehemaliger »Regiebetrieb« noch die Strukturen der kommunalen Verwaltung vorherrschen,
- einen großen Produktionsbetrieb, der nach dem traditionellen Stab-Liniensystem gegliedert ist und in dem die Veranstaltungsabteilung als eine Abteilung des Bereiches »Marketing« organisiert ist,
- eine Veranstaltungsagentur, in der mit flachen Hierarchien projektorientiert in Teams gearbeitet wird,
- ein Unternehmen der Weiterbildung, das in Fachbereiche gegliedert ist, denen eine Organisationsabteilung als Servicebereich zugeordnet ist,
- ein PCO-Büro, das nur aus einem Leiter und einer Sachbearbeiterin besteht, wo die Mitarbeiter für die Organisation von Veranstaltungen jeweils nach Bedarf zu Organisationsteams zusammengestellt werden,

- ein Profit-Center in einem Touristikunternehmen, das in die Hierarchien des Unternehmens eingebettet ist, sich aber wie ein Unternehmen im Unternehmen selbst organisiert etc.

Es würde den Rahmen sprengen, alle diese Strukturen im Einzelnen zu behandeln und die jeweiligen Auswirkungen auf die direkten Organisationsstrukturen bei der Organisation von Veranstaltungen und den damit verbundenen Führungsstrukturen zu beschreiben.

Dennoch lässt sich unterhalb der jeweiligen Unternehmensstrukturen ein gemeinsames Merkmal bei der Organisation von Veranstaltungen festmachen:

Beim Organisieren von Veranstaltungen handelt es sich immer um Projekte mit deren typischen Merkmalen

Beim Organisieren von Veranstaltungen handelt es sich immer um Projekte mit deren typischen Merkmalen (s. a. Boy/Dudek/Kuschel 1994):

- definierter Anfang und festgelegtes Ende,
- eindeutige Aufgabenstellung, Zielstellung und Verantwortung für ein Gesamtergebnis,
- Einmaligkeit,
- Aufgabenstellung mit gewissem Risiko,
- begrenzte Ressourcenverfügbarkeit,
- verschiedenartige wechselseitig voneinander abhängige Teilaufgaben,
- auf das Vorhaben abgestimmte Organisation.

Die angemessene Form (Aufbauorganisation) einer Organisation mit dem Ziel »Veranstaltungsorganisation« ist danach die »Projektorganisation«.

Typische Merkmale einer Projektorganisation in der Veranstaltungswirtschaft

Typische Merkmale einer Projektorganisation in der Veranstaltungswirtschaft sind

- flache Hierarchien (meist nur drei Ebenen),
- mehrere Projekte (parallel oder sequenziell),
- weitgehende Selbstständigkeit in den Projekten inhaltlich und – im Rahmen verabschiedeter Budgets – auch ökonomisch (einschl. Erfolgsbeteiligung),
- flexible Besetzung der Projektteams und Ihrer Leitung,
- sog. Querschnittsabteilungen (Gruppen) mit Servicefunktionen (Personal, Finanzen, Technik etc.),
- teamorientierte Führung.

Die aktive und zielgerichtete Koordinierung und ständige Anpassung von Aufbauorganisation, Mitarbeitern, Sachressourcen, Zeit, Abläufen (Prozessen) und Umfeld ist danach das »Projektmanagement«.

So wie sich allgemein die Auffassung durchgesetzt hat, dass Organisation und Personal im Hinblick auf die Entwicklung, aber auch grundsätzlich aufeinander bezogen und voneinander abhängig sind, so sind beim Management von Projektorganisationen die jeweils zu schaffende optimale Aufbauorganisation und die in ihr zu praktizierende Führung ebenfalls direkt vom Potenzial und den relevanten Merkmalen der betroffenen Mitarbeiter abhängig.

Darüber hinaus sind optimale Organisationsstrukturen weitgehend abhängig von der jeweiligen Zielsetzung, für die diese Organisation geschaffen wird.

Besonderheiten bei der Organisation von Veranstaltungen

Diese beiden Aspekte im Hinterkopf, ergibt sich für die Organisation von Veranstaltungen, also innerhalb eines Veranstaltungsprojektes eine ganz besondere Situation:

Jede Veranstaltung soll möglichst ein »Unikat« sein

1. Eine der wesentlichen Anforderungen an Veranstaltungen ist gegenwärtig, dass jede Veranstaltung möglichst ein »Unikat« sein soll. Niemand möchte eine konfektionierte Veranstaltung »von der Stange« haben. Sie muss immer etwas Besonderes sein und haben, muss sich von anderen unterscheiden, muss aktuelle Bedürfnisse unterschiedlichster Zielgruppen befriedigen, sie muss Neues und/oder Anderes bringen etc.

   Selbst wenn es sich im Grundsatz um sich wiederholende Veranstaltungen handelt, wie z.B. Mitgliederversammlungen von Verbänden, so
   - sind die Inhalte jeweils aktuell zu wählen,
   - sind neue Mitglieder eingeladen
   - sind ältere Mitglieder nicht mehr dabei
   - sind besondere Gäste eingeladen
   - ist eine einzigartige Wahlentscheidung zu treffen,
   - ist ein Jubiläen zu feiern etc.

   Oder es besteht ganz allgemein das Ziel, den Mitgliedern etwas Besonderes zu bieten und damit die »Routine-Veranstaltung« einfach attraktiver zu machen.

   Keine Veranstaltung ist wie die andere

   Damit ist klar, keine Veranstaltung ist wie die andere – sie soll und darf es auch nicht sein!

ständig wechselndes Personal

2. Das jeweils für das Projekt einzubindende Personal wird von Veranstaltung zu Veranstaltung ein anderes sein.
   An Veranstaltungsprojekten sind ständig wechselnde Personen beteiligt
   - mit dem jeweils notwendigen speziellen Wissen,
   - mit besonderen Beziehungen,
   - als institutionell Verantwortliche,
   - als Ehrenamtliche und Hauptberufliche,
   - als vom Veranstalter Beauftragte,
   - als für Dienstleistungen »eingekaufte«,
   - bestehend aus Erfahrenen und Unerfahrenen,
   - aus Teamfähigen und »Einzelkämpfern«,
   - aus Generalisten und Spezialisten etc.

   Das bedeutet: Bei jedem neuen Veranstaltungsvorhaben können und sollen nicht nur die einzelnen Beteiligten andere sein, sondern auch aufgrund ihrer gewollten und ungewollten Besonderheiten die Beziehungen der Einzelnen zueinander variieren; zumindest in Nuancen, wenn nicht gar erheblich.

Routine ist eine ständige Gefahr für die Gestaltung von erfolgreichen Veranstaltungen

3. Es ist zu erwarten, dass bei immer gleicher Organisationsform mit immer den gleichen Mitarbeitern sich über kurz oder lang Routine breit macht. Routiniertes Handeln ist hilfreich und erleichtert die Arbeit. Routine stellt aber auch ein wesentliches Hindernis für die Produktion von Neuem, Anderem oder gar Einzigartigem dar.
   Routine ist so auch eine ständige Gefahr für die Gestaltung von erfolgreichen Veranstaltungen.

4. Professionelle Veranstaltungsorganisatoren bearbeiten in der Regel mehrere Veranstaltungsprojekte gleichzeitig. Sie akquirieren immer neue Veranstaltungen mit immer neuen Zielsetzungen und anderen Auftraggebern. Das bedeutet für die Mitarbeiter, sich fortwährend auf unterschiedliche Kollegen einstellen und sich in ständig neuen Organisationsstrukturen flexibel integrieren zu müssen.

Damit ergibt sich für die Organisation von Veranstaltungen, dass für jede neue Veranstaltung die Mitarbeiter neu rekrutiert werden sollten, die von ihren Fähigkeiten und Fertigkeiten her die besten Ressourcen für die Zielerreichung bieten (Team) und auch in der Lage sind, sich in eine jeweils an die Zielsetzung und die besonderen Mitarbeiter angepasste Organisationsform zu integrieren (Projektorganisation).

5.2 Projektorganisation und Teamarbeit in der Veranstaltungsorganisation

Projektorganisation ist die idealtypische Form der Aufbauorganisation für Veranstaltungsprojekte und »Teamarbeit« ihre spezifische Form der Zusammenarbeit und Führung.

Für ein Veranstaltungsprojekt wird die Organisationsstruktur als »Strukturplanung« in der Phase der Veranstaltungsvorbereitung festgelegt (siehe Teil C, Kap.2, Stufe III).

Die Aufbauorganisation wird in einem Organigramm festgehalten

Hier wird die gesamte Aufbauorganisation beschlossen und in einem Organigramm festgehalten. Die einzelnen Gremien (Organisationskomitee, Programmkomitee, Finanzkomitee, Ausstellerbeirat, Organisationsbüro etc.) werden je nach Bedarf zusammengestellt und die Zuständigkeiten festgelegt.

Die einzelnen Gremien sollen in sich teamorientiert arbeiten und arbeitsteilig dem koordinierend führenden »Organisationskomitee« zuarbeiten.

Die Zusammensetzung der einzelnen Gremien sollte bewusst erfolgen

Wichtig ist bei der Zusammensetzung vor allem, dass sie bewusst geschieht und bei jeder Veranstaltung die jeweilige Zusammensetzung zielgerichtet neu durchdacht wird.

Gesamtaufbauorganisation eines Veranstaltungsunternehmens

Die Formen der Gesamtaufbauorganisation eines Veranstaltungsunternehmens richtet sich nach den Gesichtspunkten der Projektorganisation.
Dabei kann das Unternehmen bestehen aus

Projektteam, das unterschiedliche Projekte bearbeitet

- einem Projektteam, das unterschiedliche Projekte bearbeitet und bei dem die Geschäftsleitung/Abteilungsleitung neben ihren Aufgaben der Unternehmensführung (Overheads) in die produktiven Prozesse der Projektarbeit integriert ist;

mehrere veranstaltungsbezogene Projektteams

- aus mehreren z. B. veranstaltungsbezogenen Projektteams (Tagungen/Kongresse oder Versammlungen/Kundgebungen; Eigenveranstaltungen oder Gastveranstaltungen; Tagungen/Kongresse oder Kulturveranstaltungen; Ausstellungen und Märkte oder alle genannten in einem Unternehmen etc. je nach Unternehmensziel und -gestaltung). Die Unternehmensleitung ist dann wesentlich mit der Geschäftsführung, der Koordinierung der Projekte und der Beschaffung aller für die Projektarbeit notwendigen Umfeldressourcen beschäftigt;

Pool von Mitarbeitern unterschiedlichster Fach- und Sachkompetenz

- einem Pool von Mitarbeitern unterschiedlichster Fach- und Sachkompetenz einschließlich einer Gruppe von erfahrenen und »nachrückenden« Projektleitern, aus denen dann die Geschäftsleitung oder ein anderes in ihrem Auftrag wirkendes Gremium die anfallenden Projektteams zusammenstellt oder sich auch die Projektleiter selbst wie »Einzelunternehmer« die Mitarbeiter nach Angebot und Nachfrage aus dem Pool rekrutieren.

  Die Geschäftsleitung ist dann in einem solch extrem flachen Dienstleistungsunternehmen neben der Geschäftsführung, der Beschaffung der Umfeldressourcen vor allem für die Personalentwicklung im Sinne organisatorisch-koordinierender Aspekte zuständig (z.B. Besetzung von Teampositionen nicht nur nach Fach-, Sozial- und Methodenkompetenzen, sondern auch nach Personalentwicklungsgesichtspunkten: Mitarbeiter zu stellvertretenden Projektleitern, stellvertretende Projektleiter zu Projektleitern machen, Mitarbeiter mit neuen fachlichen Verantwortlichkeiten ganz oder teilweise betrauen, als Geschäftsleitungsmitglied sich selbst in Projekte integrieren, um den »Basiskontakt« nicht zu verlieren oder die eigenen Fähigkeiten um neue Fachkompetenz zu erweitern etc.)

Zusammensetzung der Gremien vor allem nach teamarbeitsorientierten Gesichtspunkten

Die Zusammensetzung der Gremien erfolgt neben ökonomischen vor allem nach teamarbeitsorientierten Gesichtspunkten.

1. Welche Ressourcen an Wissen, Fähigkeiten und Fertigkeiten, Beziehungen, Repräsentanzen etc. werden benötigt?
2. Passen die Mitarbeiter in ihrer Teamfähigkeit so zueinander, dass in ihrer Zusammenarbeit die Zielerreichung optimal verfolgt werden kann?
3. Ist die Zahl der Mitarbeiter groß genug, dass alle benötigten Ressourcen vorhanden sind, und klein genug, dass die spezielle Arbeitsform »Teamarbeit« realisierbar ist?

4. Ist das Spektrum an Unterschiedlichkeit (Wissen, Können, Mentalität, Einstellungsmustern etc.) groß genug, dass bei kreativen Gruppenprozessen wirklich synergetische Effekte erreicht werden können?

Besondere Bedeutung hat die Zusammensetzung des Organisationskomitees

Besondere Bedeutung für den Erfolg einer zu organisierenden Veranstaltung hat die Zusammensetzung des Organisationskomitees und die effektive Zusammenarbeit im Gremium.

Bereits bei der Berufung des Organisationskomitees sind neben den oben genannten inhaltlich-sachorientierten und den teamarbeitsbedingten Gesichtspunkten noch besondere auf die Organisationsform bezogene Gesichtspunkte zu beachten:

- Sind die Vertreter der einzelnen Komitees sachlich und persönlich richtig repräsentiert (Ressortprinzip)?
- Sind die Veranstalter (Unternehmen, Verband, o.Ä.) angemessen berücksichtigt?
- Ist das Gremium von der Mitgliederzahl her im Sinne von Teamarbeit arbeitsfähig?
- Sind alle zu erwartenden fachlichen Anforderungen an das Team zu erfüllen (Marketing, PR, politische Kompetenz etc.)?
- Gibt es Personen, die mehrere Kompetenzen auf sich vereinigen und die berufen werden sollten, um das Gremium von der Mitgliederzahl her möglichst klein, d.h. teamfähig zu halten?
- Sind die zu berufenden Mitglieder zeitlich angemessen disponibel?
- Genießen die zu berufenden Mitglieder in ihren Kompetenzbereichen persönliche Akzeptanz?
- Hat der/die Vorsitzende Akzeptanz vor allem im Bereich der Sozial- und Methodenkompetenz?
- Ist der/die Vorsitzende unabhängig von Einzelinteressen (sollte möglichst kein Ressort, Komitee und keinen Sachbereich vertreten)?
- Kann der/die Vorsitzende durch seine/ihre Persönlichkeit und Ausstrahlung die Veranstaltung angemessen nach außen und innen repräsentieren?

(Diese Aufzählung ist sicher nicht vollzählig, gibt aber die Richtung an, in der gedacht werden sollte.)

ZUSAMMENFASSUNG

Projektorganisation ist die geeignetste Form der Aufbauorganisation für Veranstaltungen. Deren Ausgestaltung ist variabel und richtet sich je nach

- *der spezifischen Zielsetzung,*
- *Kriterien der Teamorientierung,*
- *den vorhandenen Mitarbeitern mit ihren Kompetenzen,*
- *der Beachtung der Weiterentwicklung der zentralen Produktionsressource »Mitarbeiter«,*
- *der ökonomischen Beteiligung der Mitarbeiter am Unternehmen,*
- *unternehmerischen Einstellungsmustern*

und ähnlichen individuell unternehmer- und unternehmensbezogenen Kriterien.

5.3 Teamführung

Die Art der Teamarbeit und die entsprechende Teamführung reflektieren die Besonderheiten eines Veranstaltungsprojektes wie ein Spiegel

Die angemessene Form der Zusammenarbeit in Projekten und in Projektorganisationen ist die spezifische Form der Teamarbeit und entsprechender Teamführung. Wie durch einen Spiegel lässt sich diese Form der Zusammenarbeit auf die Kriterien von Projekt und Projektarbeit projizieren und jeweils angemessen umsetzen.

So entspricht/entsprechen z.B.

- die Einzigartigkeit der Veranstaltungsprojekte der Einzigartigkeit der jeweiligen Zusammensetzung und damit möglichen kreativen und synergetischen Zusammenarbeit der Teammitglieder,
- den jeweils notwendigen projektbezogenen Sach- und Fachressourcen die im Team zusammenwirkenden unterschiedlichen Sach- und Fachkompetenzen,
- dem projektimmanenten Zeitdruck die außergewöhnlich hohe und flexible Einsatzbereitschaft der Mitarbeiter,
- dem projektimmanenten Leistungsdruck der zielorientierte kumulierte besondere Leistungswille der Teammitglieder (das Team »wächst in besonderen Situationen über sich hinaus«),

- den parallelen unterschiedlichen Projektanforderungen die flexible Teamfähigkeit der Mitarbeiter,
- die das Andersartige und Neue einer Veranstaltung bedrohende Routine der außerordentlichen inneren Dynamik eines Projektteams,
- dem Steuerungs- und Koordinierungserfordernis in komplexen Projekten die Nähe, die direkte personale und sachliche Abhängigkeit der Projektmitarbeiter voneinander und der damit verbundene Gruppendruck als »Kontrollmechanismus« etc.

notwendige Kompetenzen für die Führung von Veranstaltungsprojekten

Das bedeutet für die Führung von Teams in Projekten vor allem
- hohe persönliche Akzeptanz bei den Mitgliedern des Teams,
- Repräsentationsfähigkeit für das Team und die Aufgabe nach außen,
- hohes Maß an Sozialkompetenz,
- hohes Maß an Methodenkompetenz,
- Vertrauen in die Fähigkeiten und Fertigkeiten der Mitarbeiter,
- Vertrauen in den Willen (Motivation) der Mitarbeiter zur Höchstleistung,
- weitestgehende Beschränkung auf die Führungsaufgaben (Ressourcen bereitstellen, Umfeld optimal organisieren, Dynamik aufrechterhalten, Konflikte vermeiden, erkennen und Lösungen einleiten, präsent sein etc.),
- Heraushalten aus einmal delegierten Aufgaben,
- Schwächen und Probleme frühzeitig erkennen,
- angemessene Interventionstechniken anwenden,
- persönlich und inhaltlich motivieren,
- Ehrlichkeit und Offenheit nach innen,
- radikalen Respekt vor den Persönlichkeiten,
- psychische, soziale, organisatorische und ökonomische Situationen in ihrer Struktur erkennen und zielgerichtet beeinflussen,
- ganzheitlich denken und handeln,
- situativ entscheiden und handeln etc.

Darüber hinaus ist Grundwissen über Gruppendynamik, Team und Teamentwicklung besonders bei Teamleitern wichtige Grundlage.

Kriterien von Team als »dynamisches Ganzes«

Die Kriterien von Teamstrukturen als »dynamisches Ganzes« sollten zumindest gekannt und bei allen Führungsaktivitäten berücksichtigt werden, als da sind

- von allen Mitgliedern AKZEPTIERTE ZIELSETZUNG, die aktiv verfolgt wird,
- starke Ausdifferenzierung der einzelnen ROLLEN,
- angemessene Entwicklung der ROLLENBEZIEHUNGEN (innere Struktur),
- ausgeprägtes WIR-GEFÜHL (Kohäsion der Teammitglieder),
- (möglichst selbst entwickelte) von allen akzeptierte Regeln,
- GEMEINSAME SPRACHE und Zeichen bis hin zu »blindem Verstehen«.

Das Maß an Interventionen richtet sich nach der eingebrachten Teamfähigkeit und dem jeweiligen Stand der Teamentwicklung

Das Maß an lenkenden Eingriffen (Interventionen) richtet sich in Häufigkeit und Intensität wesentlich nach der eingebrachten Teamfähigkeit der Teammitglieder und dem jeweiligen Stand der Teamentwicklung. In dem Maße, wie die Mitglieder allgemein teamfähig sind und das aktuelle Team sich nach den Kriterien eines Teams entwickelt hat, werden die Interventionen der Führung weniger und damit die Möglichkeiten der Konzentration auf die Effektivierung der anderen Führungstätigkeiten, aber auch der eigenen produktiven Mitarbeit größer.

Den traditionellen Organisationsformen waren jeweils bestimmte Führungsstile zugeordnet:

- hierarchische Organisation – autoritärer Führungsstil,
- funktionale Organisation (Harzburger Modell),
- kooperativer Führungsstil.

DEN Führungsstil gibt es nicht

Die Zuordnung eines bestimmten Stils zu Teamarbeit und Teamführung ist nicht unproblematisch, da sich die Führung und die Art der damit verbundenen Intervention der Führungskraft nach der jeweiligen Situation richtet und für sie angemessen sein sollte.

Somit kann es bei der Führung von Teams vor allem in der Anfangsphase der Entwicklung Situationen geben, in denen sachliche Kooperation nach vorgegebenen Strukturen vorherrscht und im Sinne der Teambildung ein kooperativer Führungsstil angemessen ist. In besonders zeitkritischen Situationen, die darüber hinaus noch ökonomische Risiken in sich bergen, können dagegen autoritäre Anweisungen und

»Kommandos« sehr wohl angemessen sein, allerdings unter der Prämisse, dass die Situation für alle Beteiligten als solche spätestens nach Überwindung der bedrohlichen Situation durchschaubar ist.

Will man also überhaupt im Rahmen von Teamarbeit von einem Führungsstil sprechen, so bleibt nur das Verständnis situativen Führens (situativer Führungsstil), das beinhaltet, dass jede mögliche und notwendige Intervention der analysierten und verstandenen Situation in ihrer Ganzheit angemessen sein sollte.

Im Rahmen von Teamarbeit ist situatives Führen angebracht

ZUSAMMENFASSUNG

Teamführung in Veranstaltungsprojekten bedeutet, auf der Grundlage teamfähiger Mitarbeiter mit einem hohen Maß an Sozial- und Methodenkompetenz nach außen das Team und die Aufgabe angemessen zu repräsentieren und nach innen situativ im Sinne der akzeptierten Zielsetzung dann und dort zu intervenieren, wann und wo die Mitarbeiter sich selbst aus der Situation heraus nicht oder nur mit unangemessenem Aufwand helfen können.

Die besondere Aufgabe der Teamführung ist die Bereitstellung und Bewahrung eines der Arbeit und der Zielsetzung günstigen Handlungsumfeldes und in diesem Sinne eine »Dienstleistung« für die produktiv Tätigen.

Teamarbeit, Teamfähigkeit, Teamentwicklung und Teamführung sind immer ein Entwicklungsprozess hin zu einem jeweils höherem Standard.

Aus diesem Grunde ist Teamarbeit immer Anspruch und Streben nach Vervollkommnung in der Gewissheit, dass sie situativ optimal aber nicht absolut erreichbar ist.

TEIL D SERVICE

1 AUS- UND FORTBILDUNG, BERUFE IN DER TAGUNGS- UND KONGRESSWIRTSCHAFT

Mitarbeiter der Veranstaltungswirtschaft sind traditionell so genannte Quereinsteiger

Mitarbeiter der Veranstaltungswirtschaft sind traditionell so genannte Quereinsteiger, d.h., es gab bis in die Mitte der 90er-Jahre keine eigenen Funktions- oder Berufsbilder. Erst 1994 ergriff die INTERNATIONALE CONGRESS AKADEMIE e.V. Karlsruhe die Initiative und entwickelte mit Unterstützung des BUNDESINSTITUTS FÜR BERUFSBILDUNG (Bibb), einer nachgeordneten Behörde des Bundesministers für Wissenschaft und Bildung, in einem Modellversuch ein Curriculum für eine abschlussbezogene Fortbildung.

handlungsorientiertes Curriculum

Das Bundesinstitut war besonders daran interessiert, dass auf diese Weise am Beispiel eines modernen Dienstleistungsbereiches ein handlungsorientiertes Curriculum entwickelt wird, dessen Inhalte sich an den zentralen Qualifikationen und nicht an traditionellen Fächern orientieren. Darüber hinaus sollten Lernarrangements entwickelt werden, in denen vor allem die Möglichkeiten der Aneignung von Sozial- und Methodenkompetenzen im direkten Zusammenhang mit Sachthemen möglich sind. Dies wurde in einem Curriculum, das lernfeldorientiert war, sowie durch ein System, in dem die Lernziele der Sozial- und Methodenkompetenzen gewissermaßen über die inhaltlich-fachlichen Themen gelegt wurden (Doppeldeckerprinzip), umgesetzt. Der Modellversuch wurde abgeschlossen und das Curriculum galt als vorbildhaft für moderne Fortbildungsberufe im Dienstleistungssektor.

Fachwirt (IHK) für die Tagungs-, Kongress- und Messewirtschaft

So erließ das Land Baden-Württemberg auch schon während des Verlaufs des Modellversuchs eine Rechtsverordnung zur Prüfung der Teilnehmer zum »Fachwirt (IHK) für die Tagungs-, Kongress- und Messewirtschaft«. Mehr als 12 Kurse wurden an der Akademie in der Folgezeit durchgeführt und mit einer IHK-Prüfung zum Abschluss gebracht.

Mit einem neuen Rahmenstoffplan verabschiedete danach der DEUTSCHE INDUSTRIE- UND HANDELSTAG (DIHT) eine bundesweit geltende Fortbildung, die jedoch qualitativ nicht mehr das ursprüngliche Niveau halten konnte.

Heute werden an verschiedenen Stellen sowohl bei freien Trägern als auch in Bildungsstätten der Industrie- und Handelskammern Fachwirte ausgebildet.

Daneben hatte die Berufsakademie Ravensburg schon sehr früh mit der Ausbildung von Messefachleuten begonnen. Nach erfolgreichem Abschluss des Modellversuchs an der Internationalen Congress Akademie in Karlsruhe wurde das Curriculum an der Berufsakademie um den Bereich der Tagungs- und Kongresswirtschaft erweitert.

Einführung von zwei Ausbildungsberufen im Jahr 2001:

Einen wesentlichen Schub erhielt die berufliche Bildung in der Veranstaltungswirtschaft dann mit der Einführung von zwei Ausbildungsberufen im Jahr 2001. Mit der Einführung des Ausbildungsberufes zum/zur Veranstaltungskaufmann/-frau erhielt der Fachwirt eine genuine Grundlage.

Veranstaltungskaufmann/-frau

Fachkraft für Veranstaltungstechnik

Bei dem zweiten Ausbildungsberuf handelt es sich um die »Fachkraft für Veranstaltungstechnik«, der den Bedarf an technischem Personal in der Zukunft decken soll.

Ab Oktober 2002 begann dann an der Berufsakademie in Karlsruhe im Bereich Technik die Ausbildung zum »Dipl. Ingenieur (BA) für Veranstaltungs- und Produktionstechnik«.

Auf der Hochschulebene gab es bereits seit Ende der 80er- und zu Beginn der 90er-Jahre an einigen Fachhochschulen Angebote für Veranstaltungsmanagement, die jedoch als Nebenfächer in Betriebswirtschaftslehre bzw. Tourismus integriert waren.

Es war der Universität Köln vorbehalten, mithilfe einer Stiftung der Messe Köln das erste einschlägige Universitätsinstitut zu gründen, an dem im Studiengang Betriebswirtschaft das Fach »Messewirtschaft« als Nebenfach studiert, Diplomarbeiten geschrieben und geforscht werden konnte.

Drei weitere Vorhaben vervollständigen die Bemühungen um ein umfassendes Aus- und Fortbildungsangebot für die Veranstaltungswirtschaft im Jahre 2003:

1. Das vom Kongresszentrum Mannheim gegründete Congress College, eine virtuelle Fortbildungsinstitution, an der Fortbildungswillige über das Internet Zugang zu Lektionen und Kursen haben (Web-Based-Training) beginnt im ersten Quartal 2003 den ersten integrierten Kurs »Projektmanagement bei Tagungen und Kongressen« mit Präsenzteilen als Blended-Learning-Kurs.

2. Bis Oktober 2003 läuft ein Modellprojekt im Rahmen des EU-Förderprogramms »Leonardo da Vinci« – in Deutschland unter der Leitung des Ausstellungs- und Messe-Ausschuss der deutschen Wirtschaft (AUMA) – mit Partnern aus England, Portugal und der Tschechischen Republik zur Entwicklung eines Fortbildungscurriculums und entsprechender Lehr- und Lernmaterialien unter dem Arbeitstitel »International Event Organizer«.

   Dieser Fortbildungsgang entspricht – eingeordnet in die fünf europäischen Levels – dem Fachwirt. Allerdings sind die Inhalte stark auf die Fähigkeiten und Fertigkeiten der tatsächlichen Tätigkeiten beim Veranstaltungsmanagement konzentriert. Der AUMA beabsichtigt diese Fortbildung mit dem ersten Modellkurs ab Juni 2003 zu beginnen. Die Regelkurse sollen danach mit Partnern regional angeboten werden.
3. Ab Oktober 2003 beabsichtigt die International University of Applied Sciences (eine deutsche Fachhochschule) in Bad Honnef, neben den Studiengängen »Aviation« und »Tourismus« einen eigenständigen Studiengang zum »Eventmanagement« anzubieten. Die Abschlüsse sollen dann mit Bachelor, Master und MBA (Master of Business Administration) international sein. Dieser Studiengang wird in Abstimmung und enger Zusammenarbeit mit dem entsprechenden Wirtschaftsverband (AUMA) entwickelt und angeboten werden.

umfassendes, alle traditionellen Ausbildungsstufen einschließendes Angebot

Mit diesen Entwicklungen steht dann Interessierten ein umfassendes, alle traditionellen Ausbildungsstufen einschließendes Angebot zur Verfügung.

Es wird Aufgabe des Dachverbandes AUMA sein, im Zusammenhang mit der Einordnung in die europäischen Levels 1 bis 5, in die alle bestehenden Abschlüsse der beruflichen Bildung mit dem Ziel der Vergleichbarkeit zwischen den EU-Mitgliedstaaten eingeordnet werden, auch eine größtmögliche Durchlässigkeit zwischen den einzelnen Stufen für unterschiedliche Karrieren zu schaffen und dauerhaft dafür zu sorgen, dass eine angemessene Qualität erhalten bleibt.

Übersicht über Qualifizierungsangebote

1. Berufsausbildung

Veranstaltungskaufmann/-frau

Kurzprofil:	• Aufgaben im Rahmen der Planung, Organisation, Durchführung und Nachbereitung von Veranstaltungen • Zielgruppengerechte Konzeption, Koordination, Vermarktung von Veranstaltungsdienstleistungen
Eingangsvoraussetzungen:	Haupt- oder Realschulabschluss
Dauer:	3 Jahre
Abschluss:	IHK-Prüfung
Anbieter:	• Betriebe der Branche (Marketing-Eventagenturen, Messe- und Ausstellungsgesellschaften, Kongresshäuser und Tagungsstätten, Veranstalter von Tagungen und Kongressen • Unternehmen der ausstellenden Wirtschaft • Bereiche der kommunalen Verwaltung (Stadt- und Mehrzweckhallen etc.) • Organisationen und Verbände, die Veranstaltungen durchführen

Fachkraft für Veranstaltungstechnik

Kurzprofil:	• technische Konzeption, Vorbereitung und Begleitung von Veranstaltungen • Aufbau und Montage von Bühnen und Geräten • Abbau, sachgerechte Lagerung, Sicherung
Eingangsvoraussetzungen:	Haupt- oder Realschulabschluss
Dauer:	3 Jahre
Abschluss:	IHK-Prüfung
Anbieter:	Betriebe der Branche; wie Veranstaltungskaufmann

2. Fortbildung

Fachwirt für die Messe-, Tagungs- und Kongresswirtschaft

KURZPROFIL:	Operationale und strategische Leitungsaufgaben, Projektmanagement
EINGANGSVORAUS-SETZUNGEN:	• abgeschlossene Berufsausbildung möglichst in einem kaufmännischen oder verwaltenden Beruf und mind. einjährige Tätigkeit in der Branche oder • abgeschlossenes Studium möglichst in Wirtschafts-, Sozialwissenschaften oder Pädagogik und mindestens einjährige Tätigkeit in der Branche oder • mindestens fünfjährige Tätigkeit in der Branche • oder entsprechende Vorbildung
DAUER:	Etwa 600 Stunden verteilt auf 12 bis 18 Monate, berufsbegleitend
ABSCHLUSS:	Fachwirt (IHK) für die Messe-, Tagungs- und Kongresswirtschaft
ANBIETER:	• freie Träger (Internationale Congress Akademie, Karlsruhe; Institut für Sport und Touristik, Düsseldorf; Management Institut Herrenhausen, Hannover u.Ä.) • Bildungsinstitute von Industrie- und Handelskammern (Potsdam, Leipzig, o.Ä.)

International Event Organizer

Kurzprofil:	Wie Fachwirt
EINGANGSVORAUS-SETZUNGEN:	Mindestens 1-jährige Tätigkeit in der Branche
DAUER:	Mind. 9 Monate Praktikum und ca. 350 Stunden Unterricht
ABSCHLUSS:	International Event Organizer
ANBIETER:	Partner des AUMA

3. Berufsakademie (BA) (mit integrierter Berufsausbildung und Studium)

Messe- und Kongressmanagement

KURZPROFIL:	Operationale und strategische Leitungsaufgaben, Projektmanagement

Eingangsvoraussetzungen:	Hochschulreife
Dauer:	3 Jahre
Abschluss:	Diplom-Betriebswirt (BA) Fachrichtung Messe- und Kongressmanagement
Anbieter:	Berufsakademie Ravensburg

Veranstaltungs- und Produktionstechnik

Kurzprofil:	Tätigkeitsfeld wie »Fachkraft für Veranstaltungstechnik«
Eingangsvoraussetzungen:	Hochschulreife
Dauer:	3 Jahre
Abschluss:	Diplom-Ingenieur (BA)
Anbieter:	Berufsakademie Karlsruhe

4. Fachhochschule/Universität

Betriebswirtschaft

Kurzprofil:	Forschung und strategische Leitungsfunktionen/Projektmanagement in der Messewirtschaft
Eingangsvoraussetzungen:	Hochschulreife
Dauer:	mindestens 4 Jahre
Abschluss:	Diplom-Kaufmann bzw. Diplom-Betriebswirt (FH), Promotion
Anbieter:	Universität Köln, verschiedene Fachhochschulen

Eventmanagement

Kurzprofil:	Strategische Leitungsfunktionen/Projektmanagement in der Veranstaltungswirtschaft
Eingangsvoraussetzungen:	Hochschulreife (auch fachbezogen)
Dauer:	4 Jahre, davon ein Jahr im Ausland
Abschluss:	Bachelor, Master, Master of Business Administration (MBA), Diplom-Betriebswirt (Fachrichtung Event Management)
Anbieter:	International University of Applied Sciences (FH), Bad Honnef (ab Oktober 2003)

2 GLOSSAR

ANFORDERUNGEN AN DEN KONGRESSSTANDORT: Sind entsprechend den einzelnen Veranstaltungsformen und -inhalten unterschiedlich definiert. Dabei werden die technisch-organisatorischen Fähigkeiten (hard facts) vorausgesetzt. Dienstleistungs- und Serviceorientierung (soft skills) eines Standortes werden, trotz der gegebenen subjektiven Wahrnehmung, zunehmend zum Entscheidungskriteriums für oder gegen einen Standort. Die Studie zum deutschen Kongress- und Tagungsmarkt des German Convention Bureau (GCB) enthält detaillierte Aussagen zu diesem Thema.

ANMELDEFORMULAR: Die Rücksendung des vollständigen Anmeldeformulars stellt bereits einen Vertrag zwischen dem Veranstalter und dem Teilnehmer dar.

AUDIO-VISUELLE MEDIEN: Oberbegriff für technische Voraussetzungen, die die Umsetzung von fachspezifischen Inhalten von Tagungen und Kongressen ermöglichen. Der Einsatz der Medien beeinflusst das Design von Veranstaltungen in erheblichem Umfang. Aufgrund der Dynamik dieses Bereiches und des vermehrten Einsatzes moderner Präsentationstechniken sind ständige und meist umfangreiche Investitionen in den Kongresszentren erforderlich.

AUFBAUORGANISATION: Ist die geplante Struktur eines Unternehmens oder Projektes, in der die Aufgaben nach Sachgebieten und dafür zuständigen Positionen bzw. Institutionen gegliedert und deren Kommunikationsbeziehungen dargestellt werden. Die Aufbauorganisation wird in Form eines ➠ Organigramms dargestellt.

BUDGET: Ist die in Sachgruppen gegliederte Auflistung aller Kosten und Einnahmen eines Projektes. Das Budget ist für die Projektleitung ein zentrales Führungsinstrument im Sinne eines Projektcontrolling (Einhaltung und Anpassung).

CALL FOR ABSTRACTS: Gewinnung von Referenten und Einsendung von Kurzfassungen von Vorträgen (Abstracts).

CORPORATE MEETINGS: Tagungen und Kongresse von Unternehmen. Produktinhalte bzw. die Vermittlung von Fachwissen oder der Informationsaustausch um die Produkte stehen im Mittelpunkt. Veranstaltungsformen können Produktpräsentationen, Händlerschulungenoder -treffen, Firmenschulungen oder auch Hauptversammlungen von Aktiengesellschaften sein.

DIDAKTIK: Im Rahmen der Veranstaltungsdidaktik werden die Teile eines Veranstaltungsprojektes umrissen, in denen die Inhalte (»Was«), Methoden (»Wie«) und Ressourcen (»Womit«) aufeinander bezogen und so adressatengerecht arrangiert werden, dass individuelle Lernerfolge optimal erreicht werden können.

DIDAKTISCHES ARRANGEMENT: Zentraler Begriff aus der Weiterbildung. Beschreibt die Zusammenstellung aller Maßnahmen und Mittel zur Erreichung von Zielen der Wissensvermittlung und -aneignung nach didaktischen Gesichtspunkten. Wird häufig auch als ➠ »(Veranstaltungs-)Design« bezeichnet.

DIDAKTISCHES HANDELN: Bezeichnet alle Maßnahmen, die im Prozess eines Veranstaltungsprojektes verantwortungsbewusst nach didaktischen Gesichtspunkten ausgeführt werden.

Discussion Papers: Wort-/Diskussionsbeiträge, die spontan oder vorbereitet während der Seminare/Workshops gehalten werden.

Ermöglichungsdidaktik: Der Begriff stammt aus der Weiterbildung. Er dient zur Abgrenzung gegenüber der »Belehrungsdidaktik«. Aus der Erkenntnis, dass »Erwachsene lernen können, aber nicht belehrbar sind« und außerdem Lernen immer ein aktiver Prozess beim Lernenden ist, erwächst die Aufgabe von Weiterbildnern, Gelegenheiten und Arrangements nach didaktischen Gesichtspunkten zu schaffen, die dem Lernwilligen das Lernen »ermöglichen«. Unter diesem Aspekt ist der Begriff auch für die Organisation von Tagungen und Veranstaltungen besonders operational.

Eröffnungs- und Rahmenprogramm: Wird nicht nur von den Teilnehmern der Veranstaltung, sondern auch von den Begleitpersonen angenommen. Kann touristische Inhalte umfassen, aber auch in Form von kongressbezogenen Fachexkursionen organisiert werden.

Event: Entspricht im englischsprachigen Raum dem deutschen Begriff »Veranstaltung«. Im deutschsprachigen Raum wird diese Bezeichnung mehr modisch im emphatischen Sinne für solche Veranstaltungen benutzt, die den Charakter des Besonderen hervorheben und ein im Schwerpunkt an die Emotionen der Teilnehmer gerichtetes Ereignis darstellen.

Fachzeitschrift: Charakteristisch für einen eigenen Wirtschaftbereich ist auch die Existenz zahlreicher Fachzeitschriften. Einige Beispiele von Publikationen, die in Deutschland verlegt werden und teilweise internationalen Charakter haben, seien kurz genannt.

- CIM – Conference und Incentive Management, Darmstadt,
- Tagungswirtschaft, Frankfurt/Main
- Events, Frankfurt/Main,
- Convention International, Neuwied,
- M+A Report, Frankfurt/Main
- Incentive Congress Journal, Hofheim
- Event Partner, Augsburg
- Motivation, München
- Wirtschaft & Weiterbildung, Würzburg

Förderprogramme: Können in einigen speziellen Fällen das Budget von Kongressen und Tagungen entlasten helfen. Die Beantragung erfolgt meist sehr weit im Voraus, die Abrechnung unmittelbar nach der Veranstaltung. Es müssen die entsprechenden Formulare verwendet werden.

Geschäftsreisetourismus: Wird häufig und fälschlicherweise mit der Tagungs- und Kongresswirtschaft gleichgesetzt, da der Tourismus sich statistisch über die Beherbergungsformen definiert. Anlässe für das »Reisen« zu Kongressen und Tagungen sind jedoch einzig und allein die Inhalte und Themen von Kongressen und Tagungen. Touristische Leistungen sind nur Mittel zum Zweck.

Gremium: Bezeichnet eine nach Aufgaben, Mitgliederzahl und Entscheidungsbefugnis festgelegte Institution innerhalb einer Gesamtorganisation. Gremien sind durch

Gesetze, Satzungen, demokratische Wahl, Berufung o. Ä. zum Handeln legitimiert.

HALBWERTZEIT DES WISSENS: Bezeichnet die Zeit, in der neues Wissen (Erkenntnis) zu 50 Prozent veraltet. Diese Halbwertzeiten von Wissen haben sich in den letzten Jahrzehnten des 20. Jh. beschleunigt verkürzt.

HAUPTVERSAMMLUNG: Jährlich wiederkehrende Pflichtveranstaltungen von Aktiengesellschaften. Haben sich mit dem Aktienboom zu einem wichtigen Standbein für Anbieter von Kongressdienstleistungen entwickelt. Sind durch ihre Größe (bis zu 15.000 Teilnehmer) gekennzeichnet und mit dem Standort des Unternehmens verbunden.

IDEALTYP: Mit Idealtyp wird eine gedachte Organisation/Konstruktion/Struktur bezeichnet, die so in der Wirklichkeit nicht vorkommt, aber sich durch »typische« Merkmale von anderen unterscheidet. So werden z.B. Organisationsstrukturen wie »Stab-Linien-Organisation«, »Matrix Organisation«, »Projektorganisation« in der Betriebswirtschaftslehre als »Idealtypen« bezeichnet.

IDEENFINDUNG: Systematisch betriebenes Bemühen mithilfe von Kreativitätstechniken Problemlösungen für zu erreichende Ziele zu erarbeiten

INCENTIVE: Sonderform der Kongress- und Tagungsbranche, die zur Motivation der Mitarbeiter eines Unternehmens beitragen soll. Wichtigstes Kriterium ist die Nicht-Käuflichkeit der einzelnen Leistungen. Wird individuell organisiert, ist häufig mit zahlreichen touristischen Leistungen verbunden und bedingt detaillierte Destinationskenntnisse bei der Organisation.

INVITED PAPERS: Hauptvorträge, Key-Notes.

KATEGORISIERUNG ODER TYPISIERUNG VON KONGRESSEN/TAGUNGEN: Erfolgt entsprechend der Teilnehmerzahl, zeitlichen Dauer, dem Veranstaltungscharakter, der Veranstaltungskomplexität, der Vorbereitungszeit und dem Organisationsaufwand.

KEYNOTE-SPEAKER: Eingeladene Referenten, häufig Hauptredner.

KOMPLETTORGANISATION: Wird vorwiegend von Professional Congress Organizern angeboten. Zahlreiche Unternehmen haben eigene Eventabteilungen, die die Veranstaltung mit einzelnen Dienstleistern organisieren. Sie bilden dabei ein Organisationsnetzwerk.

KONGRESSBEGLEITENDE AUSSTELLUNGEN: Stellen einen integralen Bestandteil von Tagungen und Kongressen dar. Stehen bei zahlreichen Veranstaltungen im Mittelpunkt. Aufgrund ihrer wachsenden Bedeutung verschwinden die Grenzen zwischen klassischer Messe und klassischem Kongress immer mehr. Ausstellungen tragen bei einer Vielzahl von Tagungen und Kongressen (medizinische Kongresse) wesentlich zur Finanzierung bei.

KONGRESSBÜRO (oder auch Tagungsbüro): Wird durch den Veranstalter oder das mit der Organisation des Kongresses beauftragte Unternehmen (häufig PCO) eingerichtet und mit entsprechender Informationstechnik ausgestattet. Ist während der Veranstaltung die logistische Schaltzentrale. Nicht zu verwechseln mit nationalen oder internationalen Kongressbüros (GCB o.Ä.).

KONGRESSDESTINATION: Hat verschiedene Kriterien zu erfüllen, die für die Komplettorganisation einer Tagung oder eines Kongresses notwendig sind. In zunehmendem Maß ist das Zusammenspiel der einzelnen Kongressdienstleister einer Destination entscheidend für die Qualität der Veranstaltung.

LOBBYORGANISATIONEN DER KONGRESS- UND TAGUNGSWIRTSCHAFT: Sind z.B. das GERMAN CONVENTION BUREAU (GCB), DER EUROPÄISCHE VERBAND DER VERANSTALTUNGSCENTREN (EVVC) oder DER AUSSTELLUNGS- UND MESSE-AUSSCHUSS DER DEUTSCHEN WIRTSCHAFT (AUMA). Keine der Organisationen kann aber aktuell klassische Lobbyarbeit übernehmen, da die Interessen der Branche, insbesondere der Leistungsanbieter, so unterschiedlich sind. Aufgrund seiner Erfahrung aus dem Messebereich und seiner Nähe zu den Kongresszentren der Messegesellschaften kann der AUMA die Aufgabe am ehesten erfüllen.

MARKETING: Im Rahmen von Kongressen und Tagungen ist dies ein informationsaufnehmender, informationsverarbeitender und vor allem willensbildender Prozess.

MARKTUNTERSUCHUNG: Wird in der Kongress- und Tagungswirtschaft fast ausschließlich von den Verbänden durchgeführt. Aussagefähige statistische Erhebungen geben aber nur zu quantitativen Parametern des Marktes Auskunft.

MEDIEN CHECK: Raum, in dem die vorwiegend technischen Hilfsmittel (Dias, CD-Rom, sonstige Präsentationen) der Referenten mit Unterstützung von Fachpersonal getestet werden können.

MESSEBEGLEITENDE TAGUNGEN UND KONGRESSE (auch »messebegleitendes Fachprogramm« genannt): Werden durch die Veranstalter von Messen zur Attraktivitätssteigerung organisiert und beeinflussen häufig die Entscheidung eine Messe zu besuchen oder nicht, da sie einen Mehrwert darstellen. Umgekehrt dazu entwickeln sich auch die ➠ kongressbegleitenden Ausstellungen quantitativ und qualitativ und benötigen teilweise mehr Ausstellungsfläche als klassische Fachmessen (z.B. bei Kongressen medizinischer Gesellschaften).

MESSEWIRTSCHAFT: Verwandter Wirtschaftsbereich zur Kongress- und Tagungsindustrie. Zeichnet sich durch seine besondere Rolle als Nutzer und Anbieter von Kongress- und Tagungsdienstleistungen aus. Nahezu alle bedeutenden Messegesellschaften betreiben einen eigenen Kongress- und Tagungsbereich oder ein Kongresszentrum.

Messeveranstaltungen, insbesondere auf Fachbesucher ausgerichtete Messen, können durch ein angegliedertes messebegleitendes Fachprogramm attraktiver gemacht werden. Starke Tendenzen weisen auf eine Annäherung bzw. auf ein Zusammenwachsen dieser Bereiche hin.

ÖFFENTLICHE FÖRDERUNG VON TAGUNGEN UND KONGRESSEN: Muss sehr frühzeitig, mindestens 1,5 Jahre vor einer Veranstaltung beantragt werden. Die Abrechnung erfolgt über Verwendungsnachweise.

ORGANIGRAMM: Ist die geeignete grafische Darstellungsform für eine Aufbauorganisation. Bei der Strukturplanung von Tagungen und Kongressen wird diese Darstellungsform benutzt.

PARTEITAGE/GEWERKSCHAFTSTAGE: Regelmäßig wiederkehrende Großveranstaltungen von Parteien und Gewerkschaften. Stellen hohe Anforderungen an die Organisation und prägen die Kongress- und Tagungswirtschaft oft durch innovative Veranstaltungsinhalte. So initiierten Bündnis 90/Die Grünen in Baden-Württemberg den ersten virtuellen Parteitag.

PLENARSAAL (und weitere Raumbezeichnungen): Versuch von Veranstaltungsstätten, die individuellen Räumlichkeiten entsprechend ihrer Nutzung zu definieren. Weitere Begriffe sind »Vortragsräume«, »Seminarräume«, »Break-Out Räume«, »Workshopräume«, »Tagungsbüro«, »Pressebüro« o. Ä.

POST CONVENTION TOURS: Werden im Anschluss von Kongressen und Tagungen meist als touristisches Programm angeboten.

POSTER EXHIBITION/POSTER SESSION: Sie dienen vorwiegend bei medizinischen Kongressen zur Präsentation von Forschungsergebnissen und Studien.

PRESENTED PAPERS: Vorträge in Subplenarien.

PROCEEDINGS: Langfassungen von Vorträgen.

PROGRAMM: Das Veranstaltungsprogramm stellt den inhaltlichen und zeitlichen Ablauf einer Veranstaltung dar und nennt Ort und Handelnde.

PROJEKTMANAGEMENT: Ist die Anwendung von Fähigkeiten, Methoden, Wissen, Werkzeugen und Techniken, um die Erwartungen und Bedürfnisse der Personen oder Organisationen zu erfüllen, die mit dem Projekt zu tun haben oder deren Interessen durch eine Projektdurchführung sowohl im positiven wie im negativen Sinne berührt werden.

PROJEKTORGANISATION: Ist die je angemessene ➠ Aufbauorganisation für Unternehmen oder Einzelprojekte zur Erreichung von Projektzielen.

PROJEKTTEAM: Ist das Arbeits- und Steuerungsgremium eines Projektes. Es wird nach sachlichen, sozialen, methodischen, politischen, protokollarischen und repräsentativen Kompetenzen zusammengestellt. Es unterliegt in seiner Effektivität wesentlich den Kriterien der dynamischen Teamarbeit und Teamführung. Bei größeren Veranstaltungen ist in der Regel das Gremium »Organisationskomitee« in der Funktion des Projektteams.

QUALITÄTSKRITERIEN: Stellen Standards dar, die von einzelnen Organisationen gemeinsam mit ihren Mitgliedern erarbeitet werden. Sie dienen in erster Linie dazu, die angebotenen Dienstleistungen mehrerer Anbieter zu standardisieren.

REDNERPROJEKTIONEN: Werden insbesondere in großen Räumen mit einer Kapazität von mehr als 1.000 Personen eingesetzt, um die Sicht auf den Redner bzw. das Verfolgen des Tagungsgeschehens für die Teilnehmer zu erleichtern. Der Einsatz von Kameratechnik ermöglicht neben einer imagemäßigen Aufwertung der Veranstaltung auch deren Mitschnitt und die Übertragung des Tagungsgeschehens in andere Räume oder Bereiche des Kongresszentrums.

REGIEBETRIEB: Als Regiebetrieb werden Tagungsstätten, Kongresshäuser, Messe- und Ausstellungsgesellschaften u.Ä. bezeichnet, die gänzlich oder zu einem überwiegenden Anteil im Besitz von Kommunen, Ländern oder dem Bund sind und damit von Entscheidungen der jeweiligen

Parlamente und deren ausführenden Organen abhängig sind.

Registrierung: In der Stufe der Veranstaltungsvorbereitung melden sich Teilnehmer an und werden registriert. Mit der Anmeldung kommt ein Vertrag zwischen Veranstalter und Teilnehmer zustande und mit der Registrierung wird der Teilnehmer in den bürokratischen Ablauf übernommen. Die Registrierung wird durch Softwareprogramme oder vielfach auch durch elektronische Medien wie Internet, Intranet etc. unterstützt

Ressortprinzip: Ressort ist ein Begriff aus der Organisationslehre und bedeutet die organisatorische Aufteilung von spezifischen Aufgaben und Entscheidungsbefugnissen in Sachbereiche (Ressorts), die in der Regel mit Personen besetzt zu Gremien werden. Das Ressortprinzip bedeutet dann die Berücksichtigung aller Ressorts bei der Zusammensetzung des jeweils nächsthöheren (koordinierenden) Entscheidungsgremiums. (z.B. Vorsitzende des Programmkomitees, Finanzkomitees, Ausstellerbeirats im Organisationskomitee).

Sicherheitsvorkehrungen: Haben besonders durch die Ereignisse am 11. September 2001 an Bedeutung gewonnen. Gehören zu den Grundpflichten eines Kongresszentrums in Verbindung mit Einlasskontrollen für Teilnehmer, Aussteller (insbesondere während des Auf- und Abbaus) und Bewachungsleistungen innerhalb der kongressbegleitenden Ausstellung und sind häufig mit der Präsenz von Prominenten verbunden.

Sozial- und Kommunikationsformen (bei Veranstaltungen): Hiermit sind solche Formen bezeichnet, die sich für bestimmte Zielsetzungen als ➠ didaktische Arrangements auch innerhalb von Seminaren, Tagungen und Kongressen bewährt und sich zu festen (➠ idealtypischen) Formen entwickelt haben. Dabei spielt sowohl die Art der kennzeichnenden Kommunikation als auch die Anordnung des sozialen Zusammenwirkens der Teilnehmer die entscheidende Rolle. Solche Formen sind z.B. Vortrag, Präsentation, Podiumsdiskussion, Workshop, Kolloquium, Symposium, Open-Space, Zukunftswerkstatt, Dialog etc.

Sozio-ökonomische Effekte von Kongressen und Tagungen: Werden auch als »Umwegrentabilität« bezeichnet. Erhebungen zu diesem Thema geben Auskunft zum Ausgabeverhalten aller an Kongressen und Tagungen beteiligten Personen oder Unternehmen. Es können auch Aussagen über die direkten und indirekten Wertschöpfungseffekte gemacht werden.

Sponsoring: Basiert auf einem Leistungsaustausch, Leistung und Gegenleistung. Der Sponsor erwartet eine Gegenleistung. Die Grenze zwischen Sponsoring und Spende ist fließend.

Tagungs- und Kongressmarkt (MICE – Meeting, Incentive, Congress, Event): Prosperierender Markt mit Unternehmen unterschiedlicher Bereiche, der nahezu alle bereits bestehenden Wirtschaftsbereiche tangiert (Bildung, Wissenschaft, Medizin, Autoindustrie, Tourismus etc.). Die deutsche Bezeichnung des Marktes umfasst nicht die Bereiche Incentive und Event, für die im Englischen auch MICE steht.

Tagungs- und Kongresswirtschaft: Wirtschaftsbereich, der sowohl die Anbieter von Kongress- und Tagungsdienstleistungen (Kongresshäuser, Hotels, PCOs, Gastronomieunternehmen, u. a. Kongress dienstleister) als auch ihre Nutzer (Unternehmen aller Wirtschaftsbereiche, Verbände, medizinische Gesellschaften, Parteien, Gewerkschaften etc.) vereint.

TECHNISCH-ORGANISATORISCHE ANFORDERUNGEN: Kennzeichnen den Umfang und häufig auch die inhaltliche Qualität einer Veranstaltung. Anforderungen sind häufig eng mit dem Einsatz modernster Medien verbunden. Deren Umsetzung stellt die Kongresszentren vor große Herausforderungen, da sie in Einklang mit den technischen Möglichkeiten, vor allem den gesetzlichen Bestimmungen, stehen müssen, die in der Versammlungsstättenverordnung definiert sind.

UNIKAT: Einzelstück. Im Zusammenhang mit Tagungen und Kongressen wird davon ausgegangen, dass solche Veranstaltungen für den Kunden »maßgeschneidert«, »adressatengerecht«, »zeitgemäß«, »zielgerichtet« etc. durchgeführt werden und in diesem Sinne Unikate sind und dies hinsichtlich des gesellschaftlichen und individuellen Bedürfnisses nach Innovation und Eventisierung auch sein sollten.

VERANSTALTER VON KONGRESSEN UND TAGUNGEN: Sind Anbieter von wissensvermittelnden Veranstaltungen und agieren nach folgenden Prinzipien:

- Sammeln und Aufbereiten von Daten und Informationen,
- Didaktische Umsetzung,
- Organisatorische Umsetzung.

VERANSTALTUNGSDESIGN: Ist die Gesamtstruktur einer Veranstaltung in Abhängigkeit von Art und Form, organisatorischem Ablauf, äußerem Rahmen und dem Ambiente.

VERANSTALTUNGSDIDAKTIK: Bezeichnet alle Planungen, Maßnahmen, Inhalte, Methoden und Mittel bei Veranstaltungsprojekten, die eine optimale Erreichung der pädagogischen Veranstaltungsziele ermöglichen. Das ➟ Veranstaltungsdesign ist dafür erstes Ergebnis und Entwurf für weiteres didaktisches Handeln im Projekt.

VERANSTALTUNGSDRAMATURGIE: Ist die aus der Theaterwelt übernommene Bezeichnung für den in einem geplanten Spannungsbogen arrangierten zeitlichen, inhaltlichen und emotionalen Ablauf einer Veranstaltung.

VERANSTALTUNGSFORMEN: Für bestimmte Ziele angemessene und bewährte (grobe) Veranstaltungsarrangements wie Seminare, Tagungen, Kongresse, Ausstellungen etc. Zur Abgrenzung bezeichnet man solche Arrangements, die stärker methodischen Charakter beinhalten und meist in o. g. Veranstaltungsformen integriert werden, als ➟ Sozial- und Kommunikationsformen.

VERANSTALTUNGSZEITRAUM: Die meisten Kongresse und Tagungen finden zwischen Februar und Juni sowie September und November statt. Der bevorzugte Veranstaltungszeitraum kann von Festlegungen in der Satzung, Konkurrenzveranstaltungen zu gleichen Themen, aber auch von klimatischen Bedingungen des jeweiligen Tagungsortes abhängig sein.

VERBANDSKONGRESS: Meist Jahresmitgliederversammlung, die je nach Größe und Bedeutung des Verbandes auch Fachprogramme vor, während und nach der Tagung beinhalten können. Offizielle Rahmenprogramme haben einen hohen Stellenwert. Bei der Wahl des Veranstaltungsortes spielen somit Image- oder rein touristische Faktoren eine wichtige Rolle. Sind durch geringer werdende Budgets und Ausgaben der Teilnehmer geprägt. Haben aber häufig eine Bedeutung für die Förderung einzelner Wirtschaftsbereiche und werden durch die regional ansässigen Unternehmen und die öffentliche Hand finanziell unterstützt.

Versammlungsstättenverordnung: Definiert die baurechtlichen und sicherheitstechnischen Voraussetzungen, entsprechend denen Veranstaltungen ab 200 Personen in Veranstaltungszentren durchgeführt werden können. Mit der neuen Versammlungsstättenverordnung, die in einigen Bundesländern 2002 in Kraft getreten ist, werden auch Messehallen als Versammlungsstätten gesehen.

Weiterbildung: Ist der Begriff für Lernen nach der (Erst-) Ausbildung. Weiterbildung umfasst die allgemeine Weiterbildung, die berufliche Fortbildung, die politische Bildung und andere Formen, wie sie in den Weiterbildungsgesetzen der Länder (unterschiedlich) festgelegt sind. Unter dem populären Begriff des »lebensbegleitenden Lernens« kann die Bedeutung auf alles Lernen nach der Primärausbildung ausgeweitet werden. Seminare, Tagungen und Kongresse sind somit Veranstaltungen, die die Weiterbildung von Menschen ermöglichen (siehe auch ➠ Ermöglichungsdidaktik).

Wissensbasierte Gesellschaft: Popularisierter Begriff aus der Soziologie. Bezeichnet eine Gesellschaft, deren bestimmendes und kennzeichnendes Merkmal »Wissen« ist. So wird erwartet, dass z.B. in Deutschland sich »Wissen« als die zentrale Produktionskraft der Wirtschaft im beginnenden 21 Jh. weiterentwickelt, so wie es die industrielle Produktion in der Industriegesellschaft im 20. Jh. war.

Wissensmanagement: Das Gebiet, in dem ein Wissensmanager seine Tätigkeit ausübt. Wissensmanagement ist der Begriff für alle Maßnahmen die dazu dienen, Daten zu Informationen, Informationen zu Wissen, Wissen zu Handeln zu machen, wobei die örtliche, zeitliche und adressatengerechte Verfügbarkeit und Aufbereitung eine zentrale Rolle spielen. In einer ➠ wissensbasierten Dienstleistungsgesellschaft nimmt diese Funktion eine zunehmend wichtige Stellung ein und deren Effektivität entscheidet wesentlich über die Stellung der jeweiligen Wirtschaft in einem globalisierten Markt. In diesem Sinne sind Tagungen und Kongresse wesentliche Orte des Wissensmanagements.

Wissensmanager: Eine Person/Funktion, die Daten zu Informationen aufbereitet, sie in einen Kontext stellt, sie mit didaktischen Mitteln adressatengerecht aufbereitet, sie vorhält und verteilt. In vielen Unternehmen sind solche Funktionen vorzufinden und entsprechende Positionen oder Abteilungen besetzt.

Wissenstransfer: Hierunter wird in der Regel der Prozess verstanden, in dem neues Wissen z.B. aus Forschung und Entwicklung im universitären Bereich in die Wirtschaft transportiert wird. Seminare, Tagungen und Kongresse sind zentrale organisierte Gelegenheiten für Wissenstransfer.

ZIELGRUPPE: Häufig auch »Adressatengruppe« genannt, ist ein theoretisches Konstrukt derer, die sie beschreiben. Analog wie bei einem ➠ Idealtyp werden nach ausgewählten (den Veranstaltungszielen adäquaten) Merkmalen Individuen oder Gruppen von Individuen ausgewählt und beschrieben und nach diesen Merkmalen zu einer Zielgruppe zusammengefasst, deren Erkenntnisinteresse und Ansprüche im Rahmen der Durchführung von Veranstaltungen Maßstab für nahezu alle Organisationsmaßnahmen (zielgruppenorientiert/adressatengerecht) ist.

3 WEITERFÜHRENDE LITERATUR

- ARNOLD, ROLF: Natur als Vorbild. Frankfurt, 1993
- ASTROFF, MILTON/ABBEY, JAMES: Convention sales and services. Cranbury, 1995
- BECKMANN, KLAUS/MÜLLER-MARTIN, ROLF: Erfolgreiche Messeauftritte. Berlin, 2000
- BOY, J., DUDEK, C., KUSCHEL, S.: Projektmanagement. Offenbach, 1994
- BRUHN, MANFRED: Sponsoring. Systematische Planung und integrativer Einsatz. Wiesbaden, 2002
- CAREY, TONY (HRSG.): Professional meeting management. A european handbook. Brüssel, 1999
- GOSCHMANN, KLAUS/KOHL, HERFRIED/ODENKIRCHEN, BERNHARD/LUPPOLD, STEFAN: Qualitätssicherung in Tagungsstätten. München, 1998
- GUGG, EBERHARD/HANK-HAASE, GISELA: Das Tagungs- und Kongressverhalten von Verbänden in Deutschland. Frankfurt a. M. 1997
- GUGG, EBERHARD/HANK-HAASE, GISELA: Neue Trends und Tendenzen im Tagungs- und Kongressreiseverkehr. Frankfurt a. M. 1994
- HERBST, DIETER: Public Relations. Berlin 1997
- INFRATEST BURKE: Der deutsche Tagungsmarkt. 1994/1995. München 1995
- JAWORSKI, JERZY/LUPPOLD, STEFAN/SCHWÄGERMANN, HELMUT: Standortmarketing und Kommunikation für Tagungsstätten. München, 1998
- KALT, GERO (HRSG.): Öffentlichkeitsarbeit und Werbung. Instrumente, Strategien, Perspektiven. Frankfurt a. M., 1995
- LEPSCHY, ANNETTE: Besprechungen – Sitzungen – Tagungen. Köln, 1998
- LINCOLN, H./COLBY, C. M. P.: The Convention Liaison Council Manual. Dallas, 1994
- LINDNER, WILFRIED: Taschenbuch der Pressearbeit. Heidelberg, 2001
- MAGER, ROBERT: Lernziele und Unterricht. 1984
- NEUHOFF, VOLKER: Der Kongress. Vorbereitung und Durchführung wissenschaftlicher Tagungen. Weinheim, 1995
- PEPELS, WERNER: Kommunikations-Management: Marketing – Kommunikation vom Briefing bis zur Realisation. Stuttgart, 2001
- ROGERS, TONY: Conferences – A twenty-first century industry. Baltimore, 1998
- SCHREIBER, MICHAEL-THADDÄUS: Kongress- und Tagungsmanagement. München/Wien, 1999
- SIEBERT, HORST: Didaktisches Handeln in der Erwachsenenbildung. Neuwied/Kriftel/Berlin, 1996
- STANDORTMARKETING UND KOMMUNIKATION FÜR TAGUNGSSTÄTTEN. München 1998
- WEIRICH, MARGUERITE L.: Meetings and conventions management. Albany (NY), 1992

Das professionelle 1 x 1

Arms, B.
Local Marketing
ISBN 3-464-49081-5

Barowski, M. / Müller, A.
Online-Marketing
ISBN 3-464-49071-8

Barowski, M.
Textgestaltung
2., überarb. Auflage
ISBN 3-464-49069-6

Beckmann, K. / Müller-Martin, P.
Erfolgreiche Messeauftritte
ISBN 3-464-49070-X

Beckmann, K.
Seminar-, Tagungs- und Kongressplanung
ISBN 3-464-49086-6

Brandt, J. (Hrsg.)
Aktiv verkaufen – besser verkaufen
ISBN 3-464-49036-X

Busch, B. / Hölzner, A.
Aktien und Börse
ISBN 3-464-49047-5

Busch, B.
Aktive Kundenbindung
ISBN 3-464-49041-6

Busch, B.
Erfolg durch neue Ideen
ISBN 3-464-49023-8

Busch, B.
Erfolg mit Mitarbeitern in kleineren Unternehmen
ISBN 3-464-49044-0

Etti, M. / Kramer, S.
Office-Management
ISBN 3-464-49089-0

Hansen, K.
Zeit- und Selbstmanagement
ISBN 3-464-49020-3

Herbst, D.
E-Branding – Starke Marken im Netz
ISBN 3-464-49078-5

Herbst, D.
Corporate Identity
ISBN 3-464-49032-7

Herbst, D.
Erfolgsfaktor Wissensmanagement
ISBN 3-464-49072-6

Herbst, D.
Interne Kommunikation
ISBN 3-464-49038-6

Herbst, D.
Internet-PR
ISBN 3-464-49075-0

Herbst, D.
Public Relations
ISBN 3-464-49031-9

Herzlieb, H.-J.
Von der Führungskraft zum Coach
ISBN 3-464-49090-4

Herzlieb, H.-J.
Erfolgreich verhandeln und argumentieren
ISBN 3-464-49022-X

Hoffmann, V.
Überzeugend Vorträge halten
ISBN 3-464-49085-8

Klein, H.-M.
Benimm im Business
ISBN 3-464-49083-1

Klein, H.-M.
Konflikte am Arbeitsplatz
ISBN 3-464-49082-3

Klein, H.-M.
Kundenorientiert telefonieren
ISBN 3-464-49021-1

Lenzen, A.
Präsentieren – Moderieren
ISBN 3-464-49046-7

Schäfer, S.
Event-Marketing
ISBN 3-464-49079-3

Schätzlein, E. / Rothe, I.
Kundenorientiert korrespondieren
ISBN 3-464-49045-9

Schwantes, K.
Zeitarbeit
2. Auflage
ISBN 3-464-49074-2

Steuck, J.
Business Plan
ISBN 3-464-49028-9

Ulrich, F.
Cheffing – Führen von unten
ISBN 3-464-49076-9

Detailinformationen zu den einzelnen Titeln (Inhaltsverzeichnisse, Textauszüge) gibt es unter *www.cornelsen-berufskompetenz.de*

Cornelsen Verlag
14328 Berlin
www.cornelsen.de